正义

中华文化的道德原则

总 主 编　翟　博
分册主编　雷　原

中国大百科全书出版社

图书在版编目（CIP）数据

中华优秀传统文化教育读本．正义／翟博主编；雷原分册主编．
—北京：中国大百科全书出版社，2020.6

ISBN 978-7-5202-0727-0

Ⅰ．①中…　Ⅱ．①翟…②雷…　Ⅲ．①中华文化—青少年读物
Ⅳ．① K203-49

中国版本图书馆 CIP 数据核字（2020）第 048580 号

出 版 人	刘国辉
策 划 人	曾　辉
责任编辑	盛　力
封面设计	许　烈
责任印制	常晓迪

出版发行　中国大百科全书出版社
地　　址　北京市阜成门北大街 17 号　　　邮政编码　100037
电　　话　010-88390636
网　　址　http://www.ecph.com.cn
印　　刷　保定市铭泰达印刷有限公司
开　　本　880 毫米 ×1230 毫米　　1/32
印　　张　7.5
字　　数　162 千字
印　　次　2020 年 6 月第 1 版　2021 年 8 月第 3 次印刷
书　　号　ISBN 978-7-5202-0727-0
定　　价　39.00 元

目录

‖ 序一 »>

张岂之

　　《中华优秀传统文化教育读本》丛书经过几位作者的不懈努力，终于和读者见面了。这是一件值得祝贺的事。

　　深入学习、宣传、普及中华优秀传统文化，已经成为全社会的共识，我们现在要做的一项重要工作，就是要在具体落实上多下功夫。2017年1月，中共中央办公厅、国务院办公厅印发《关于实施中华优秀传统文化传承发展工程的意见》（以下简称《意见》），要求着重研究和宣传中华优秀传统文化的核心思想观念，宣传中华传统美德，发扬中华人文精神。《意见》提出："把中华优秀传统文化全方位融入思想道德教育、文化知识教育、艺术体育教育、社会实践教育各个环节。"这套丛书的出版，可以看作是落实中央精神的具体体现。

在目前众多的中华优秀传统文化普及性图书中，这套丛书有两个鲜明特色：

其一，对中华优秀传统文化的概括论述比较全面。中华文明有五千年的历史传统，对于青少年和初学者而言，首先要把握精华，然后再逐步深入。这套丛书，按照习近平总书记提出的"讲仁爱、重民本、守诚信、崇正义、尚和合、求大同"展开论述，精准全面，把儒家的核心精神概括进去了，具有一定的系统性。

其二，这套丛书在编排设计上，将理论阐发、经典介绍、历史故事综合编排，这样既符合青少年的学习认知规律，也避免枯燥生硬，具有可读性。

这套丛书的出版，开了一个好头，我相信一定会有较好的社会效益。在这里，我也想借此机会对年轻的读者朋友提两点参考意见。

首先，中国的传统文化博大精深，对于青年人而言，有必要循序渐进，以便逐步全面把握、深入理解。以先秦诸子为例，除儒家外，还有阴阳家、墨家、名家、法家、道家、兵家、杂家、纵横家、农家、小说家等，号称百家之学，其中蕴藏着丰富的内容，有待于今人"取其精华、去其糟粕"。现代文学家朱自清先生，为青年人写的《经典常谈》，就包括诸子百家的哲学，《左传》《国语》《史记》《汉书》的史学，辞赋诗文的文学。可喜的是，这些内容在这套丛书中可以略见一二。

其次，在学习方法上，提倡学思结合，知行结合。《中庸》说："博学之，审问之，慎思之，明辨之，笃行之。"把学问思辨行融贯为一个整体；把学得的知识落实到个人素质的培养锻炼中，落实到认识和改造社会的实践中。这样有助于把对中华优秀传统文化的学习成果奉献给社会，从而更好地实现其现代价值和意义。

我与这套丛书的主编翟博先生相识多年，他青年时代在西安求学，研究生毕业后一直从事教育工作，现在担任中国教育报刊社的领导。多年来他在推动中华优秀传统文化的普及宣传方面，做了很多具体切实的工作。他邀我为这套丛书写几句话，我乐于撰稿。希望这套丛书能得到读者朋友们的欢迎，并期盼大家多提宝贵意见，以便大力促进中华优秀传统文化在当今社会的普及和提高。

序二 >>>

楼宇烈

　　习近平总书记将中国传统文化的精神用"仁爱、
民本、诚信、正义、和合与大同"进行总结，不仅具
有高度的概括性，同时也具有极强的时代性与人类
共性。

　　从今天人类面临的生态危机、道德危机、不可
持续危机以及人类异化危机等来看，西方商业文化不
具有普世价值，而中国传统农耕文化中的"仁爱、民
本、诚信、正义、和合、大同"等价值观使人类与
自然及人类自身产生了和谐，反而使人类具有了和
谐与可持续的未来。

　　也因此说中国传统文化具有天下性、道德性、
社会主义性。天下性，在于思考问题的全局性。它不
局限于从自身、自家思考问题，也不局限于从企业方
面思考问题，甚或不局限于从国家方面思考问题，而

是从人类、世界、众生、宇宙之广度思考问题，总之从宇宙至健之无比广大的秩序思考问题。现在西方文化主流思想是围绕资本利益的，至多在于为资本利益集团之联合体服务，至于占绝大多数的工人阶级以及广大民众的利益则只是敷衍，其工具性很强，这与中国故有之"仁爱、民本"思想格格不入。

道德性，在于将道德贯穿于文化的各类形式之中。政治之道德性表现为政治伦理化；法律之道德性在于法律要与正义相吻合；经济之道德性在黜奢崇俭、贵义贱利，还有不伤害三农；教育之道德性在于培养以德为主的德智体美劳兼备之才；军事之道德性在于出师有名，以防御为主，不首先侵略他国；等等。

社会主义性，在于"民本""仁爱""大同"；在于"以人民为中心"；在于"不患寡而患不均"；在于"耕者有其田"；在于以家庭为单位按照人口多寡分配的土地分配制度，虽此制度性质为私有制，但分配是平均的，是为民制"恒产"；同时，在家庭内部财产是共有的，这种共有制应该说具有社会主义性，将此家庭共有推扩至朝廷，则为天下为公。

古代政权在形式上表现为天下一姓，其实呢？能继位者只有一人，大多数人皆变为平民。与此同时，任贤为要，绝不以与皇室之近为由而被任为宰相、尚书等。而宰相与六部尚书等，常常来于乡野之家，尤其科举制推行以来，"朝为田舍郎、暮登天子堂"已不是什么新鲜事。

仁爱，是孔子讲的，其要义在人与人相感，你敬我一尺，我敬你一丈；你把我视同兄弟，我同样把你当作兄弟；君以礼待臣，臣子相应以忠侍奉君。当然以直报怨，也是相感之意。以孔子的教导，"己所不欲，勿施于人"是实现仁爱的根本方法，其通在人心。对具体做法而言则是以慈孝始，父慈子孝，父慈为当然之事，子孝也接近当然之事，但较之父慈为难，所以孝成为实现仁爱的基本途径。有孝心，推及兄弟姐妹则为悌，推及夫妻则为义，推及朋友则为信，推及君臣则为忠，于是乎五伦成为实现仁爱的基本方法。天下在五伦的相互感动下而为一家，建立在五伦基础上的制度，自然就是礼制。

民本，就是以百姓的利益为根本，因民之所利而利之，天视自我民视，天听自我民听。用习近平总书记的话说，就是"以人民为中心"。实现民本的途径，在于仁政与王道，具体言之：制民恒产，薄赋敛轻税收，量入为出，打击豪强势力，盐铁专卖，节制私人资本，选贤与能，讲信修睦，使老有所安，壮有所用，少有所怀，女有所归，鳏寡孤独废疾者皆有所养。民本也是实现社会主义理想的根本价值理念。

当然，民本也要求民德的提升，要求勤俭以得之，而非投机取巧以得，更不能依靠赌博贩毒取得财富，也不能靠污染环境发财，等等。今日财富若与道德分离，只讲GDP，不讲取之以义，那么会严重违背民本之价值。

诚信，是以至诚之心，不食言，言行一致，不口是心非，以最大努力践行人生之信条。它也包含西方之契约精神，但不尽相同。西方之契约在于形式上不违约，即使此契约是不合乎道德的、不公平的，甚至是武力强迫的，也应无条件地遵守，如西方列强曾经强加于我国的各类不平等条约，中华人民共和国成立之日即予以废除，此对人民之诚信也，对资本列强之违约也。

因此，诚信具有道德之内核，不仅仅在于"言必行、行必果"，唯"义之所在，则言必行、行必果"。

正义，从文字上考研其中的"正"，其乃会意字，表示前往某地，有远行之义。现在引申义为平正，不偏不斜；还有正心、正直、正确、恰当、公正、纠正等义。

"义"，繁体字为"義"。篆字与繁体字很相似，也属会意字，从羊（祭牲），从我（兵器），表示用兵器宰羊作祭品。義简化为义，原始义是指礼仪，后又改为礼义。所以"义"者，礼也。

若将"正""义"合起来就是以不偏不斜的步伐坚定地沿着礼义之路前进。

在经史子集中，最早用"正义"一词的，大概是荀子。《荀子·正名》说："正利而为谓之事，正义而为谓之行。"意思是说为功利去做叫事业，为道义去做叫德行。从这句话看"正义"的意思就是为道义而行，也就是以道义为奋斗的目标。在《荀子·儒效》中还有："不学问，无正义，以富利为隆，是俗人者也。"这里的"正义"是道德的意思，或者指以道德为行为标准之义。

正义确实有恰当行为的意思，或者有恰当的道德要求、有礼义的意思，所以对于道德要实事求是，以大众之普遍性为原则，不可陈义太高，陈义太高则弄虚作假，形同虚设，不但不能教化人，反而犯造假之错误。释家教化人以因果报应为律，告诫世人行善有好报，此以利导善也！儒家也有"积善之家必有余庆，积不善之家必有余殃"。亦义利合一也。都是将行善之获善报、行恶之获恶报作为教化人的信条，陈义并不高，但较之只言义不言利的效果显然要更大一些。

和合，是一种兼容兼顾，打成一片，从整体看待事物的思维。诸如"天人合一""心物一体""体用一如"等，都是和合思想的体现。其大无外，其小无内，天人相合相感，天即人，人即天；心外无物，物不离心；体用不二，体用不离，物物一太极，事事无碍。西方思想则注重分析，将心与物分离，对心之研究为宗教，对物之认识则为自然科学。而中国则上薄拜神教，下防拜物教，表现为极强的人文主义。体用相分，将道德与制度、义与利相分离，在西方看来，所谓法律、经济、政治等皆为理性工具，法律即规则。而和合观，则首先强调人与人之间应是和谐的关系，其斗争性是在和谐性、统一性之下。因此，人类的斗争武器，其杀伤力不应超出人类的承受力，今日之核武器竞赛，已远远超出人类的承受力，一旦核战争爆发，人类必然走向毁灭。

大同，是人类社会的终极理想。仁爱、民本、诚信、正义、和合价值之推扩就是要求人类最终实现大同的理想。人类像一家人一样，相互敬爱，以礼相待，老吾老以及人之老，幼吾幼以及人之幼，老者安之，少者怀之，朋友信之，四海之内皆兄弟也。正如习近平总书记所讲，人类是一个命运共同体。以中华传统文化的理想讲，就是要实现天下太平。也就是说能坚守仁爱、民本、诚信、正义、和合价值者，以大同为理想者，方可实现人类在全球化背景下"平天下"的理想，或许这就是中华优秀传统文化复兴的使命所在。

　　因此可以说，习近平总书记讲的"讲仁爱、重民本、守诚信、崇正义、尚和合、求大同"，不仅是中华传统文化的核心思想，也是人类的核心价值观。现将其中的十二字，分别由六位教授编写成六本书，即《仁爱》《民本》《诚信》《正义》《和合》《大同》，不仅对于传播中华传统优秀文化、复兴中华文明有重大的历史意义，而且对于构建一个命运共同体的世界，也极具现实意义。我衷心地希望这六本书在翟博同志的领衔下，能尽快出版，并对社会人心道德发挥巨大的影响。

▌ 导言 》》》

翟 博

　　中华优秀传统文化博大精深，凝聚着中华民族自强不息的精神追求和历久弥新的精神财富。党的十八大以来，以习近平同志为核心的党中央高度重视中华优秀传统文化的历史传承和创新发展，从中华民族最深沉的精神追求和最根本的精神基因、独特的精神标识和中华民族精神"根"与"魂"、最宝贵的精神品格和命脉的高度，定位优秀传统文化；从中华民族最基本的文化基因、最深厚的软实力与坚定文化自信的根基和突出优势的高度，继承优秀传统文化；从涵养社会主义核心价值观的重要源泉、实现"两个一百年"奋斗目标和中华民族伟大复兴中国梦的重要精神支撑的高度，弘扬优秀传统文化；从推动中华民族现代化进程的长远战略高度，创新发展优秀传统文化，推进中华优秀传统文化的创造性转化、创新性发展，赋予中华优秀传统文化崭新的时代内涵。习近平总书记在党的十九大报告中指出："文化自信是一个国家、一个民族发展中更基本、更深沉、更持久的力量。""推动中华优秀传统文化创造性转化、创新性发展，继承革命文化，发展社会主义先进文化，不忘本来、吸收外来、面向未来，更好构筑中国精神、中国价值、中国力量，为人民提供精神指引。"[1]党的十九大报告深刻分析了国际国内形势发展新变化，站在新的历史起点，宣示了中国特色社会主义进入新时代，明确了中国特色社会主义的历史方位，形成了习近平新时代中国特色社会主义思想，开启了全面建设社会主义现代化强国的新征程。它指明了党和国家事业前进方向，是我们深入学习习近平新时代中国特色社会主义思想、加强中华优秀传统文化教育的思想指引和行动指南。

习近平总书记关于中华优秀传统文化的一系列重要论述，是习近平新时代中国特色社会主义思想的重要组成部分。加强中华优秀传统文化教育，既是当务之急，也是百年大计、千年大计；既功在当代，也会泽及后世子孙、增进人类福祉。深入学习贯彻习近平总书记关于弘扬中华优秀传统文化重要思想，深刻领会其重要意义、思想内涵和精神实质，对于我们落实立德树人的根本任务，引导青少年增强民族文化自信和价值观自信，坚持道路自信、理论自信、制度自信、文化自信，培育和践行社会主义核心价值观，实现中华民族伟大复兴的中国梦，都具有长远的战略意义和重要

---

① 习近平：《决胜全面建成小康社会 夺取新时代中国特色社会主义伟大胜利——在中国共产党第十九次全国代表大会上的报告》，《人民日报》2017年10月28日。

的时代价值。

加强中华优秀传统文化教育的重大意义

文化是一种精神、一种信念、一种力量，是民族的血脉。中华优秀传统文化，是中华民族的"根"和"魂"，是中华民族精神的标识，是当代中国核心价值观的思想渊源，也是全人类弥足珍贵的精神瑰宝。习近平总书记指出："中国传统文化博大精深，学习和掌握其中的各种思想精华，对树立正确的世界观、人生观、价值观很有益处。"[①]习近平总书记在会见第四届全国道德模范及提名奖获得者时强调，中华文明源远流长，孕育了中华民族的宝贵精神品格，培育了中国人民的崇高价值追求。自强不息、厚德载物的思想，支撑着中华民族生生不息、薪火相传，今天依然是我们推进改革开放和社会主义现代化建设的强大精神力量。习近平总书记的精辟论述阐明了加强中华优秀传统文化教育重大的现实意义和长远的战略意义。

第一，中华优秀传统文化是中华民族安身立命的基础、永续繁衍的血脉、绵延不绝的"根"与"魂"。中华民族在5000多年连绵不断的文明发展进程中创造了博大精深的优秀文化。习近平总书记在纪念孔了诞辰2565周年国际学术研讨会暨国际儒学联合会第五届会员大会开幕会上的讲话中指出："优秀传统文化是一个国家、一

---

① 习近平：《在中央党校建校 80 周年庆祝大会暨 2013 年春季学期开学典礼上的讲话》，《人民日报》2013 年 3 月 3 日。

个民族传承和发展的根本，如果丢掉了，就割断了精神命脉。"①中华优秀传统文化"体现着中华民族世世代代在生产生活中形成和传承的世界观、人生观、价值观、审美观等，其中最核心的内容已经成为中华民族最基本的文化基因"。加强中华优秀传统文化教育，关系中华民族的"根"之所系与"魂"之所牵。

第二，中华优秀传统文化是中华民族文明史的记录、民族精神的追求和标识。习近平总书记在会见第七届世界华侨华人社团联谊大会代表时指出："中华文明有着5000多年的悠久历史，是中华民族自强不息、发展壮大的强大精神力量。"②习近平总书记还指出："中华文化源远流长，积淀着中华民族最深层的精神追求，代表着中华民族独特的精神标识，为中华民族生生不息、发展壮大提供了丰厚滋养。"③加强中华优秀传统文化教育，关系中华民族的生存与发展。

第三，中华优秀传统文化是中华民族共同培育的民族精神的重要源泉。习近平总书记在第十二届全国人民代表大会第一次会议闭幕会上的讲话中指出："中华民族具有5000多年连绵不断的文明历史，创造了博大精深的中华文化，为人类文明进步作出了不可磨灭的贡献。经过几千年的沧桑岁月，把我国56个民族、13亿多人紧紧

---

① 习近平：《在纪念孔子诞辰 2565 周年国际学术研讨会暨国际儒学联合会第五届会员大会开幕会上的讲话》，《人民日报》2014 年 9 月 25 日。

② 习近平：《在会见第七届世界华侨华人社团联谊大会代表时的讲话》，《人民日报》2014 年 6 月 7 日。

③ 习近平：《在中共中央政治局第十三次集体学习时的讲话》，《人民日报》2014 年 2 月 26 日。

凝聚在一起的，是我们共同经历的非凡奋斗，是我们共同创造的美好家园，是我们共同培育的民族精神，而贯穿其中的、更重要的是我们共同坚守的理想信念。"[①]加强中华优秀传统文化教育，关系中华民族共同坚守的理想信念。

第四，中华优秀传统文化是中华民族和中华儿女文化自信的重要根基。中华优秀传统文化是我们最深厚的文化软实力，是我们文化发展的母体，积淀着中华民族最深沉的精神追求。文化自信是一个民族、一个国家和一个政党对自身文化价值的充分肯定和积极践行，并对其文化生命力持有的坚定信心。习近平总书记提出："我们说要坚定中国特色社会主义道路自信、理论自信、制度自信，说到底是要坚定文化自信。文化自信是更基本、更深沉、更持久的力量。"[②]这既昭示了文化自信具有的更加突出位置，也指明了加强中华优秀传统文化教育的紧迫性和重要性。

第五，中华优秀传统文化是当代中国实现国家现代化的重要保证。任何国家的现代化都是以其文化传统和价值观作为指导的。现代化中最重要的是人的现代化。我们高兴地看到，为响应习近平总书记的号召，落实社会主义核心价值观和加强中华优秀传统文化教育，由教育部统　组织编写的义务教育道德与法治、语文、历史三科教材，已在全国中小学起始年级投入使用。可以预期，在广大青

---

① 习近平：《在第十二届全国人民代表大会第一次会议闭幕会上的讲话》，《人民日报》2013年3月18日。

② 习近平：《在哲学社会科学工作座谈会上的讲话》，《人民日报》2016年5月19日。

少年中加强中华优秀传统文化教育，对于当前和未来推动我国社会主义现代化事业必将产生明显而深远的影响。

第六，中华优秀传统文化是构建人类命运共同体的重要助力。党的十八大以来，习近平总书记多次论述过"人类命运共同体"的问题，并明确提出了"构建人类命运共同体，实现共赢共享"的中国方案。质言之，中华优秀传统文化中"天人合一"的哲学思想、"和而不同"的文化理念与"协和万邦""万国咸宁""天下为公""天下大同"的政治愿景，都与通过发展合作、实现共赢共享为核心的新型国际关系来构建人类命运共同体，有着密切的内在联系。

综上所述，加强中华优秀传统文化教育，是建设中华优秀传统文化传承体系、推动文化传承创新的重要途径。当今世界，文化在综合国力竞争中的地位和作用更为凸显，越来越成为民族凝聚力和创造力的重要源泉。当前，世界多极化、经济全球化深入发展，国内经济社会转轨转型，深刻变革，现代传播技术迅猛发展，世界范围内各种思想文化的交流、交融、交锋更加频繁，社会思想观念日益活跃。习近平总书记指出："中华优秀传统文化是中华民族的精神命脉，是涵养社会主义核心价值观的重要源泉，也是我们在世界文化激荡中站稳脚跟的坚实根基。"[①]加强中华优秀传统文化教育，是建设社会主义文化强国的重大战略任务，对于更好地传承中华文脉、全面提升人民文化素养、维护国家文化安全、增强国家文化软

---

① 习近平：《在文艺工作座谈会上的讲话》，《人民日报》2015 年 10 月 15 日。

实力，持续推进国家治理体系和治理能力现代化都具有重要意义；对于促进世界和平、友好、发展，减少和化解生态危机、不同文明之间和国与国之间等的矛盾冲突，也都有越来越大的隐性和显性的国际意义。

中华优秀传统文化的核心思想理念

中华优秀传统文化是中华民族语言习惯、文化传统、思想观念、情感认同的集中体现，凝聚着中华民族普遍认同和广泛接受的道德规范、思想品格和价值取向，具有极为丰富的思想内涵。习近平总书记在中共中央政治局第十三次集体学习时指出，深入挖掘和阐发中华优秀传统文化讲仁爱、重民本、守诚信、崇正义、尚和合、求大同的时代价值，使中华优秀传统文化成为涵养社会主义核心价值观的重要源泉。①

"讲仁爱、重民本、守诚信、崇正义、尚和合、求大同"，是中华优秀传统文化中思想道德、政治理念、价值追求、人格修养、独特品质、社会理想的精华，是中华传统美德和民族精神的高度概括，集中体现了中华民族的传统核心价值观。加强中华优秀传统文化教育，必须围绕这一核心思想理念，逐步展开，不断深化，与时俱进。

仁爱：中华文化的核心力量。思想道德建设是中华优秀传统

---

① 习近平：《在中共中央政治局第十三次集体学习时的讲话》，《人民日报》2014 年 2 月 26 日。

文化的核心力量。中国人崇奉以儒家"仁爱"思想为核心的道德规范体系，讲求和谐有序，倡导仁义礼智信，追求"修身、齐家、治国、平天下"全面的道德修养和人生境界，崇尚"己所不欲，勿施于人""己欲立而立人，己欲达而达人"的"仁爱"原则。加强中华优秀传统文化教育，就是要在全社会，特别是在广大青少年中开展以仁爱共济、立己达人为重点的社会关爱教育。

民本：中华文化的价值追求。民本是中国古代政治思想的基本理念。孟子曰："民为贵，社稷次之，君为轻。"仁民爱物的仁爱精神、以民为本的人文精神、深厚绵长的家国情怀等，集中体现了中华优秀传统文化的人民性，反映了广大人民群众的基本价值追求。

诚信：中华文化的做人准则。诚信既是个人的立身之本，也是一个民族、一个国家的生存之基。"言必信，行必果"是中国人待人处事的人生哲理。加强中华优秀传统文化教育，就是要开展以诚实守信、正心笃志、崇德弘毅为重点的人格修养教育。

正义：中华文化的道德原则。正义是人立身处世的根本，体现了社会的整体利益与个人的人格尊严。公平正义历来是人类孜孜以求的社会理想，中华民族是崇尚公平与道义的民族。

和合：中华文化的独特品质。爱国主义的民族深情、团结统一的价值取向、贵和尚中的思维模式、厚德载物的博大胸怀等，是中华民族精神的基本内容，彰显了中华优秀传统文化的特质。

大同：中华文化的社会理想。"大同"是古人最高的社会政治理想，激励了一代代仁人志士为其矢志不渝，奋斗不息，"大同"

理想是中国梦的文化根基。习近平总书记指出："实现中华民族伟大复兴的中国梦，就是要实现国家富强、民族振兴、人民幸福，既深深体现了今天中国人的理想，也深深反映了我们先人们不懈奋斗追求进步的光荣传统。"①

因此，加强对中华优秀传统文化的挖掘与阐发，把超越时空、跨越国度、富有永恒魅力、具有当代价值的独特文化精神发扬光大，努力实现对中华优秀传统文化的创造性转化、创新性发展，是历史和时代赋予我们的神圣职责和重大任务，也是实现伟大的中国梦的必然要求和现实需要。

中华优秀传统文化的基本功能、思想精华和时代价值

中华优秀传统文化有其独特的价值观和价值体系。习近平总书记在北京大学师生座谈会上的讲话中指出："中华优秀传统文化已经成为中华民族的基因，植根在中国人内心，潜移默化影响着中国人的思想方式和行为方式。今天，我们提倡和弘扬社会主义核心价值观，必须从中汲取丰富营养，否则就不会有生命力和影响力。"②这种独特的价值体系，是中华优秀传统文化的核心与灵魂，是新时期中华民族共同价值观的感召力、影响力、凝聚力的集中体现。加

---

① 习近平:《在第十二届全国人民代表大会第一次会议闭幕会上的讲话》,《人民日报》2013年3月18日。

② 习近平:《青年要自觉践行社会主义核心价值观——在北京大学师生座谈会上的讲话》,《人民日报》2014年5月5日。

强中华优秀传统文化教育必须深刻理解和认识中华优秀传统文化的基本功能、思想精华和时代价值。

第一，深刻认识中华优秀传统文化的基本功能。中华优秀传统文化对化解人类面临的矛盾冲突及人生面临的困难、困惑，能够提供强大而有益的精神滋养和价值影响。在现代社会，人类主要面临着五大冲突，即人与人、人与自然、人与社会、人与自我心灵以及不同文明之间的冲突。这五大冲突也造成了人类生态、社会、道德、精神和价值的五大危机。解决这些冲突、危机与人生面临的困难、困惑，很难从西方文化中找到方案。因为西方文化的价值追求是以自我为中心的，而中华优秀传统文化所关注的是人与人、人与自然、人与社会、人与自我心灵世界的和谐关系，和谐是中国优秀传统文化的最高准则。中华优秀传统文化是"天人合一"之学、人际和谐之学、身心平衡之学、生命存在之学、道德践行之学、理想人格之学、内圣外王之学、安身立命之学和人生智慧之学。这是中华优秀传统文化独有的基本功能，也是中华文化为世界发展提供中国方案的根本之所在。

第二，深刻认识中华优秀传统文化的思想精华。中华优秀传统文化具有独特的凝聚力、独特的延续力、独特的传承体系、独特的文化精神、独特的时代价值。从哲学层面上观察，中华优秀传统文化最重要的思想精华体现在以下几个方面：

一是"天人合一"的生命哲学。"天人合一"是中华优秀传统文化的最高境界，其核心就是强调人与自然的和谐统一，表现在人的文化行为上，就是天人合德，强调人类的道德理性与自然生生之德的一致。

二是自强不息的担当精神。《周易》中说："天行健，君子以自强不息。"这是中华民族历经磨难而始终不败的文化精神。中国文化倡导的自强不息、刚健有为精神，既包含积极入世、主动进取的执着追求和担当道义、不屈不挠的社会责任，也包含正直独立人格和主动创造精神等。中华民族之所以能在5000多年的历史进程中饱经沧桑而自强不息，靠的就是这样一种奋发图强、坚韧不拔的精神。

三是和而不同的和谐思想。中华优秀传统文化在价值追求上，主张"和而不同""和实生物，同则不继""万物并育而不相害，道并行而不相悖"的价值取向和智慧。在政治观上，追求民族统一的"大一统"观念，注重"协和万邦"，强调亲仁善邻，在对外关系中始终秉承"强不执弱""富不侮贫"的精神，主张吸纳百家优长、兼集八方精义，注重各民族的团结统一。

四是民惟邦本的民本思想。中华优秀传统文化注重人的价值，强调以民为本，提出"敬德保民""重民轻神""恤民为德""天地之间，莫贵于人""民惟邦本，本固邦宁"等民本思想，主张治国须利民、裕民、养民、惠民，对于缓和社会矛盾、维系社会相对稳定产生了深远的影响。

五是止于至善的崇高追求。中华优秀传统文化在个人理想追求上，主张"修齐治平"。《礼记·大学》中说："大学之道，在明明德，在亲民，在止于至善。""物格而后知至，知至而后意诚，意诚而后心正，心正而后身修，身修而后家齐，家齐而后国治，国治而后天下平。"这种积极向上的个人理想追求，影响着中国一代又一代的仁人志士，修身养性，奋斗不止；追求大同理想，追求"大道之行也，天下为公"的大同社会。

第三，深刻认识中华优秀传统文化的时代价值。深刻认识中华优秀传统文化的时代价值，是加强中华优秀传统文化教育的前提。中华优秀传统文化是维系中华民族团结奋进的精神纽带。中华优秀传统文化的基本内容主要包括儒、道、佛三大家思想中的精华，儒家思想构成其基本精神和主体框架。中华优秀传统文化融合形成了中华民族独特的向心力、凝聚力和共同的理想信念，熔铸塑造了中华民族的民族精神、思想观念、价值追求，引领、融通、聚合、形成了中华民族强大的文化引导力和精神原动力。

中华优秀传统文化是实现中国梦的精神力量之源。习近平主席指出："没有文明的继承和发展，没有文化的弘扬和繁荣，就没有中国梦的实现。"[1]深刻地指明了弘扬中华优秀传统文化与实现中国梦的关系。实现中国梦，是物质文明和精神文明比翼双飞的发展过程，需要文化旗帜引领、文化精神激励和文化软实力支撑，更需要文化的认同和凝聚。

中华优秀传统文化是建设社会主义核心价值观的重要源泉。党的十八大报告指出："倡导富强、民主、文明、和谐，倡导自由、平等、公正、法治，倡导爱国、敬业、诚信、友善，积极培育和践

---

[1] 习近平：《在联合国教科文组织总部的演讲》，《人民日报》2014 年 3 月 28 日。

行社会主义核心价值观。"①这一表达分别从国家、社会、公民三个层面阐述了社会主义核心价值观的内涵，是在汲取中华优秀传统文化的丰富营养基础上的发展和完善，是中华优秀传统文化在当代的传承和发扬。培育和弘扬社会主义核心价值观，必须立足于中华优秀传统文化。这是党中央立足国内国际两个大局，站在历史、现实和未来的时空交汇点上高瞻远瞩，对核心价值观教育作出的战略设计、历史定位和对未来发展的方向性指引，是当前培育和弘扬核心价值观的战略出发点和落脚点。

如何加强中华优秀传统文化教育

加强中华优秀传统文化教育，是当前我们面临的重要历史任务和重大时代要求，必须坚持知行合一，即认识与实践相统一、科学性与艺术性相统一、可操作性与可接受性相统一。

第一，加强中华优秀传统文化教育，必须认真学习领悟、深入阐发中华优秀传统文化的思想精华和文化精髓。要讲清楚中华优秀传统文化的历史渊源、发展脉络、基本走向，讲清楚中华文化的独特创造、价值理念、鲜明特色。要处理好继承和创新的关系，实现中华优秀传统文化创造性转化和创新性发展。

第二，加强中华优秀传统文化教育，必须继承和弘扬中华优秀

---

① 胡锦涛：《坚定不移沿着中国特色社会主义道路前进 为全面建成小康社会而奋斗——在中国共产党第十八次全国代表大会上的报告》，《人民日报》2012 年 11 月 18 日。

传统美德。加强全社会的思想道德建设，激发人们形成善良的道德意愿、道德情感，培育正确的道德判断和道德责任，提高道德实践能力尤其是自觉践行能力，引导人们向往和追求讲道德、遵道德、守道德的生活，形成向上、向善的力量。

第三，加强中华优秀传统文化教育，**必须加强爱国主义、集体主义、社会主义教育**。坚持以事启人、以情感人、以理服人、以行引人，引导人民群众树立和坚持正确的历史观、民族观、国家观、文化观，不断增强做中国人的骨气、底气和朝气。

第四，加强中华优秀传统文化教育，**必须树立文化自觉，增强文化自信和价值观自信**。用博大精深、源远流长的中华优秀传统文化滋养自己，让扎根中国大地、具有时代精气神的中华优秀传统文化成为我们实现复兴、走向世界的坚实根基。

第五，加强中华优秀传统文化教育，**必须将其贯穿国民教育全过程**。特别是在学校教育中，要践行全员育人、全程育人、全方位育人。加强中华优秀传统文化类课程和教材体系建设，在中小学全面开展中华优秀传统文化进教材、进课堂、进头脑工作，在高校开设中华传统文化类课程，为学生提供丰富选择。把中华优秀传统文化全方位融入思想道德教育、文化知识教育、艺术教育、体育、社会实践教育各环节，贯穿于启蒙教育、基础教育、职业教育、高等教育、继续教育各领域。

第六，加强中华优秀传统文化教育，**必须充分调动全社会的积极性和创造性**。加大宣传教育力度，讲活中国故事。坚持全党动手、全社会参与，把中华优秀传统文化教育的各项任务分解、落实到农村、企业、社区、机关、学校等，形成齐抓共管、共建共学的新局面。

"不畏浮云遮望眼，只缘身在最高层。"中华优秀传统文化是我国全面建成小康社会，加快推进社会主义现代化，实现中华民族伟大复兴中国梦的内驱动力的精神之源，也是中华文化走出去的外驱动力的力量之源。我们坚信，通过加强中华优秀传统文化教育，深入学习习近平总书记教育思想，中华儿女一定会不忘初心，继续前进，求真务实，攻坚克难，为更好地共圆中国梦、造福全人类，作出新的更大的业绩和奉献。

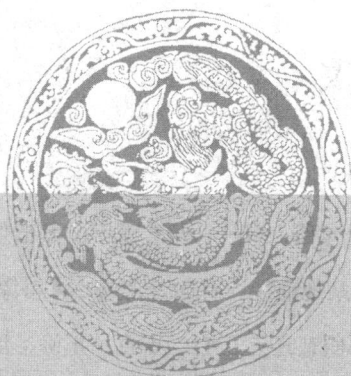

论正义

一、什么是正义

正义从文字上考研，"正"，乃会意字。其形像脚（止）对着城（口、一），表示向某地前往，有远行之意。意思像"征"。现在引申意为平正，不偏不斜；还有正心、正直、正确、恰当、公正、纠正等意。

"义"，繁体字为"義"。篆字与繁体字很相似，也属会意字，从羊（祭牲），从我（兵器），表示用兵器宰羊作祭品。"義"简化为"义"，原始意是指礼仪，后又改为礼义。所以"义"者，礼也。

若将"正"、"义"合起来，其意为以不偏不斜的步伐坚定地沿着礼义之路向前迈进。

在"经史子集"中，最早直接用"正义"一词的，大概是荀子。《荀子·正名》篇中说："正利而为谓之事。正义而为谓之行。"意思是说为功利去做叫事业，为道义去做叫德行。从这句话看"正义"的意思就是为道义而行，也就是以道义为奋斗的目标。《荀子·儒效》中还有："不学问，无正义，以富利为隆，是俗人者也。"这里的"正义"是道德的意思，或者以道德为行为标准之意。

孟子说人有四端，即"恻隐之心，仁之端也；羞恶之心，义之端也；辞让之心，礼之端也；是非之心，智之端也"。（《孟子·公孙丑章句上》）在此四端中，仁义是根本，礼是指行为，智是指对是否合乎仁义与礼的正确判断。义与仁相连为仁义，义与礼相连为"礼义"。

由此可见"义"至为关键，是连接"仁"、"礼"的。孟子说："自暴者，不可与有言也；自弃者，不可与有为也。言非礼义，谓之自暴也；吾身不能居仁由义，谓之自弃也。仁，人之安宅也；义，人之正路也。旷安宅而弗居，舍正路而不由，哀哉！"（《孟子·离娄章句上》）

孟子的意思是说，说话违背礼义，就是一个损害自我形象的人；不能以仁居心，不能由义而行，就是一个放弃一切追求的人。朱熹在解读"义人之正路也"时说："义者，宜也，乃天理之当行，无人欲之邪曲，故曰正路。"（《孟子·离娄章句上》）由此亦可以说"正义"就是"正路"。人人当依此正路而行。当然若要依此正路而行，心必居仁，方能依义而行。心是根本，义是心之延续与扩充。

故正、义连起来，类似于仁义。"正"在此有正心意，正心者，涤除蒙蔽心的各类诱惑、欲望，把善良之"心"找回来，亦即"求放心"，从而不偏不斜，由此不偏不斜之心，行合乎道义之路。

墨子说："义者，正也。何以知义之为正也？天下有义则治，无义则乱，我以此知义之为正也。"（《墨子·天志下》）墨子的意思是说，义就是正义，不正何以为义，义必然是正的。正义就是义。

二、义与利

在中国历史上，义与利是一对基本的问题。义与利的问题，也演生出"公与私"的问题。合于公利，就是义；仅仅合于私利，而与公利相害者为不义；私利与公利统一的就是义利合一。例如，古时农村的小家庭土地私有制，就是一种私利与公利合一的制度，为什么这么说呢？原因如下：土地虽为私有，即农户与农户之间土地有明显的界限，但每户内部却是公有的，是一种小家庭共有制，将私与家庭伦理之公相结合；还有农户依此土地而得安足，农户能安足，国家就履行了安民的职责，亦即具有公利的意义；同时农户收成与国家税收是一致的，农户收成好了，国家的税收也相应增加，天下粮食供给也得到保证。这就是农户得其私利而国家得其公利，私与公合一，义与利统一。古代的土地制度在分配时，还有一个原则"均田分力"，意思是既不浪费人，也不浪费土地，如果农户人多地少，则会浪费人力，相反人少地多，又会浪费土地，均田分力，则会使土地与劳动者平均分配，从而使人力与土地都得到充分的发挥，资源获得最佳配置，这样除了安足百姓、养活官员外，还能储备粮食，以便备荒备战，使国家始终立于不败之地。再如，"小河有水大河满"，小河有水了，溢出部分必然流向大河；同样"大河有水小河满"，即大河水满了，自会分流给小河，都表达了公利与私利一致的情况。

那么如何使人既能从各自的实际需要出发，又能顾全大局，不损害别人与整体的利益呢？利义合一的原则为我们指明了方向。见得思义，在合乎小利的同时也合乎公利。如何判断呢？首先在于心是否正？心是否大？心是否顾大局？心若能不偏不倚，公正不贪，不仅考虑自己的温饱问题，还考虑自己之外的大多数人的生存与发展问题，这就是合于义的。其次将自己的所作所为推扩出去，是否具有广泛性、一般性或者必要性，二者都具备了就合乎义。以农民弃农进城为例。农民为什么不愿意种地，因为种地很辛苦，所得甚少，如果种地的每个环节都商品化了，种地还会亏本。在市场经济背景下，农业尤其是粮食生产利益比较低，农户一有机会就撂荒、抛弃农地进城务工。在这里试着分析一下撂荒土地进城务工的行为是否合乎义利合一。农民进城撂荒土地，原因在于种田利益比较低，一年辛苦下来所得不如进城当民工，更不如从事房地产与金融证券等。如果仅从市场经济的趋利性而言，农民进城务工无可厚非，但如果从农民还肩负着"足食"的使命，肩负着社会粮食保障供给的责任看，弃农撂荒进城务工显然是不行的，况且如果农民绝大多数的壮劳力都进城了，剩下的老弱病残儿童妇女将怎样安生呢？生产粮食的人少，而吃饭的人多，粮食安全问题怎么办？如果这样考虑，农民仅仅以利益最大化为原则考虑问题是不够的，社会将每一个人作为一个经济人看待也是欠妥当的，撂荒的人多了，进城的人多了，不仅粮食安全得不到保障，农村与城市的教育、健康、就业等问题还会层出不穷。社会一旦遇到如"非典"疫情或风不调雨不顺的灾年，社会将何以安足？何以自立呢？所以农民都进城不具有普遍性。当然在市场经济背景下作为一市场主体遵循价值规律是无可厚非的，一切依价值规律为取舍，合于小利则为，不合于小利则不为。但是这样所产生的粮食危机与失业贫困的后果却是很严峻的。说到这里有人会问，城市工人如何义利合一呢？过去的国有企业工人是为保障城乡供给与预防侵略战争而进行生产的，他们是在国家计划下进行建设的，从其理想信念而言不在小利而在为国家做贡献，从其生产方式而言虽不具有普世性却具有必要性，试想在与资本主义共存的世界里，敌人有原子弹，我们没有行吗？至于如何造成今天农业之荒废与城市人口之过剩，有很多原因，但是没有坚守义利合一的原则却是根本原因。孟子讲"上下交征利而国危矣"，正是对于这种情况的警示。所以掌握正义原则，将自己的言行经常反省、对照、推扩就可以判断出自己所作所为是否合乎义合乎公利，合乎则为，不合乎则不为。

孔子说："君子义以为质，礼以行之，孙以出之，信以成之。君子哉！"（《论语·卫灵公》）孔子的意思是说，义是君子的本质，有此本质其行为、言语、态度必合乎礼义。孔子说："君子义以为上。君子有勇而无义为乱，小人有勇而无义为盗。"（《论语·阳货》）孔子在讲义与勇的关系，勇必须合乎义，合乎义才能不为盗不为乱。由此可见义也是区别勇与乱的标准。

"君子之仕也，行其义也。道之不行，已知之矣。"（《论语·微子》）这是子路赞扬孔子的话。说孔子一生以义为根本，做官的目的只在顺义而为，无论天下是有道还是无道。从中也可以理解孔子为什么"知其不可为而为之"。为之合乎义，不为不合乎义。为与不为不在形势之成与不成，而在合乎义还是不合乎义，合乎义是根本，义与孔子同在。

孟子说："大人者，言不必信，行不必果，惟义所在。"（《孟子·离娄章句下》）其意在于义与信之间，仍以义为大。言行之正确与否不在于信与果，而在于要合乎义。

"孟子见梁惠王。王曰："叟！不远千里而来，亦将有以利吾国乎？"孟子对曰："王！何必曰利？亦有仁义而已矣。王曰，'何以利吾国？'大夫曰，'何以利吾家？'，士庶人曰，'何以利吾身？'上下交征利而国危矣。"（《孟子·梁惠王章句上》）孟子的意思是人人都讲利，不讲义，国家就面临着灭亡。利与义矛盾的时候多，统一的时候少。试看今日之开发土地与矿产资源，一个明显的后果是生态环境危机日趋严重。人享受多了，贪欲也随之增加，因此不仅身体开始弱了，精神也不断倾于颓废。市场经济所依赖者在于趋利避害的价值规律，正好与舍身取义的人生价值观相反，急功近利，我死后哪管它洪水滔天，以邻为壑，嫁祸于人，以此为能事。这样下去人类能持续吗？不是人类相残而亡便是自我毁灭，2003 年之"非典"与今日之新冠病毒，已经给人类一警示，如若再不转变价值观与生产方式，岂能久乎？义利合一是市场经济之小利与人类可持续之大利的一个最好的结合点。

荀子说："为事利，争货财，无辞让，果敢而振，猛贪而戾，恈恈然唯利之见，是贾盗之勇也。……义之所在，不倾于权，不顾其利，举国而与之不为改视，重死、持义而不桡，是士君子之勇也。"

（《荀子·荣辱》）荀子是说要以义为根本，在权威面前，坚守义；在死亡面前仍坚守义，义重于生命。

墨子多以人民之利作为判断是否合于义的最后标准。墨子说："废以为刑政，观其中国家百姓人民之利。"（《墨子·非命上》）也就是合乎国家百姓之利者方可为义。墨子讲的利是公利，是大多数人的利，是长久之利，不是小利、私利。《墨子·经上》说："义，利也"。又说："孝，利亲也。"利亲也就是利他，利伦理之义。然而判断利之公之私，利之大之小也非简单之事，确实需要正心诚意的功夫不可。

墨子说："断指以存腕，利之中取大，害之中取小也。害之中取小也，非取害也，取利也。其所取者，人之所执也。遇盗人，而断指以免身，利也；其遇盗人，害也。……利之中取大，非不得已也；害之中取小，不得已也。所未有而取焉，是利之中取大也；于所既有而弃焉，是害之中取小也。"（《墨子·大取》）墨子之意是说在不得已之时，只有取小害而免大害，虽是害，终为利。

道家以自然为义，不言利，不言人为，因为言利必然有为，有为若顺应自然则可，有为若违逆了自然，伤害了自然之性，则不仅不合于义，也不合于利。试看今日人类生态环境日趋恶劣，正是人类妄为所致。

董子说："夫仁人者，正其义不谋其利，明其道不计其功。"（《汉书·董仲舒传》）董子此处之利，乃私利；此处之功，乃私功。其义其道乃天下之大利大义。

张载说："不知当生则生，当死则死，今日万钟，明日弃之，今

日富贵，明日饥饿亦不卹，惟义所在。"(《张子语录》)

张子的意思仍在重义，生死富贫，唯义所在。他又说："义公天下之利。"(《正蒙·大易》)张子之意仍是讲以公利为义。

程颐说："阴为小人，利为不善，不可一概论。夫阴助阳以成物者君子也；其害阳者小人也。夫利和义者善也，其害义者不善也。"(《河南程氏遗书》卷十九)此处程颐讲了和义之利，其实就是义利统一。他又说："理者，天下之至公；利者，众人所同欲。苟公其心，不失其正理，则与众同利，无侵于人，人亦欲与之。若切于好利，蔽于自私，求自益以损于人，则人亦与之力争。故莫肯益之，而有击夺之者矣。"(《近思录》卷十二)此处"与众同利"之利，也就是"和义之利"。

程颐对孟子之"上下交征利"作了更细微精湛的解释。他说："凡顺理无害处处是利，君子未尝不欲利。然孟子言'何必曰利'者，盖只以利为心则有害。如'上下交征利而国危'，便是有害。"(《河南程氏遗书》卷十九)

从此处出发，正义是指正其心、合其义的综合义。义若指公利，也是心正之下之公利，而非为利而利者，心存利，无论公利、私利，都不及义高。利有界限，而义无止境。譬如合于国家之利，未必合于天下，合于天下之利未必合于宇宙，合于人类者，未必合于众生，所以孟子讲"居仁由义"，仁义之不分犹如正义之不离。试看今日之天下，合于美国之利者，不合于中国；合于企业之利者，不合于百姓；合于地方之利者，与国家利益则冲突。所以以利而释义，取利中之大者，害中之小者，实属不得已。

　　然而人生于天地间，为存其身，必有不得已之基本利益。北宋李觏说："愚窃观儒者之论，鲜不贵义而贱利，其言非道德教化则不出诸口矣。然《洪范》八政，一曰食，二曰货。孔子曰：'足食足兵，民信之矣。'是则治国之实，必本于财用。……是故贤圣之君，经济之士，必先富其国焉。"（《富国策》）

　　李氏之言，在言人之为人，温饱必不可少，对物质有基本之需要。所以利不可不讲，但讲利必合于礼。他又说："利可言乎？曰：人非利不生，曷为不可言？欲可言乎？曰：欲者人之情，曷为不可言？言而不以礼，是贪与淫，罪矣。"所以以礼节利，利就合乎义了。义之原始意就是指礼仪。

　　由此推之正义之论不可陈义过高，高则不可为国俗，高则不能利于众，高则难以推行。释家之以身饲虎，道家之义礼兼忘，虽高然不可取。走群众路线，大概真义在此吧！

　　叶适说："仁人正谊不谋利，明道不计功，此语初看极好，细看全疏阔。古人以利与人，而不自居其功，故道义光明。后世儒者，行仲舒之论，既无功利，则道义者乃无用之虚语耳。"（《习学记言》卷二十三）注重义利之统一，其实就是"体用之合一"。

　　明元清初思想家颜元说得更成熟，他说："以义为利，圣贤平正道理也。尧舜利用，《尚书》明与正德、厚生并为三事。利贞，利用安身，利用刑人，无不利。利者，义之和也，《易》之言利更多。《孟子》极驳利字，恶夫掊尅聚敛者耳。其实，义中之利，君子所贵也。后儒乃云'正其谊不谋其利'，过矣！宋人喜道之，以文其空疏无用之学。予尝矫其偏，改云：'正其谊（义）以谋其利，明其道而计其

功。'"（《四书正误》卷一）

　　颜元之言，很适合于当下之众心，陈义不高，容易做到。他又说："问董子正谊、明道二句，似即谋道不谋食之旨，何也？曰：世有耕种而不谋收获者乎？世有荷网持钩而不计得鱼者乎？抑将恭而不望其不侮，宽而不计其得众乎？这不谋、不计两不字，便是老无、释空之根。惟吾夫子先难后获，先事后得，敬事后食，三后字无弊。盖正谊便谋利，明道便计功，是欲速，是助长；全不谋利计功，是空寂，是腐儒。"（钟錂《颜习斋先生言行录》）

　　由此可知，义利合一既符合中国文化的和合精神，陈义又恰当，不高不低，贯彻落实较为容易。若只谈义，不讲利，不合于当下的社会实际。试想以释家之空寂，在谈及因果论时，仍以利害进行教化，即积善有好报，积恶有恶报。其实也是在义利之统一。

三、正义是常道

　　荀子说："仁义德行，常安之术也，然而未必不危也；污僈突盗，常危之术也，然而未必不安也。故君子道其常，而小人道其怪。"（《荀子·荣辱》）荀子的意思是说，君子多遵循常道，常道即正义之大道，虽然也有凶险，然而凶险小而成就大。小人则不然，多从事非正非义之道，虽然也会侥幸安全，然而能侥幸安全实在是偶然，而且若以因果论，还会给未来积下孽障，不具有可持续性。

孔子也说过："人之生也直，罔之生也幸而免。"（《论语·雍也》）孔子之意在于告诉人要走正路，走邪路能免于危险者实属侥幸。所以"子不语怪力乱神"。怪者，奇而非正也；力者，缺德耳；乱者，非治也；神者，甚奇，无须努力而得者。总之怪力乱神都是常危之术，幸免于危险者，都是小概率事件。所以中国文化虽敬鬼神，但敬而远之，一切工作尚须依靠自己。这种薄鬼神、重道德、重仁义的精神正是人文主义的内在要求。不同于西方的宗教信仰，也不同于西方的拜物主义与极端的科学主义，其使人要么陷于神灵而不拔，要么执着于物质，成为物质的奴隶。以崇拜上帝教为特征的太平天国运动，到江宁将被攻破时，洪教主祈祷上帝委派天兵天将来拯救自己即将覆灭的命远，至此，何其荒谬也！

荀子说："凡人有所一同：饥而欲食，寒而欲暖，劳而欲息，好利而恶害，是人之所生而有也，是无待而然者也，是禹桀之所同也；目辨白黑美恶，耳辨音声清浊，口辨酸咸甘苦，鼻辨芬芳腥臊，骨体肤理辨寒暑疾养，是又人之所常生而有也，是无待而然者也，是禹桀之所同也。可以为尧禹，可以为桀跖，可以为工匠，可以为农贾，在势注错习俗之所积耳。是又人之所生而有也，是无待而然者也，是禹桀之所同也。为尧禹则常安荣，为桀跖则常危辱；为尧禹则常愉佚，为工匠、农贾则常烦劳。然而人力为此而寡为彼，何也？曰：陋也。尧禹者，非生而具者也，夫起于变故，成乎修，修之为，待尽而后备者也。"（《荀子·荣辱》）

荀子的意思仍在讲尧禹之道，常常安全而愉悦。而桀跖之道则常常危险而受辱。原因何在呢？前者遵循正义之道，后者违逆正义之道。什么缘故呢？一者在于认识能力，二者在于是否贪图享乐。尧禹仁智兼备，仁心使其有志于为民服务，智慧使其对遵守常道所产生的结果有足够的认识，或者对违背正义之路所产生恶果也有清楚的认识。而桀跖则昧于不仁不智，贪图美色物欲的满足，走了一条危险而受辱的道路。

正义其实就仁、义、礼、智、信，是社会与人性善恶的标准。《说文解字》曰："善，吉也，从誩从羊，此与义美同意。"正义就是善的，非正义就是恶。《左传·隐公六年》曰："君子曰，善不可失，恶不可长……为国家者，见恶如农夫之务去草焉，芟夷蕴崇之，绝其本根，勿使能殖，则善者信矣。"意思是说要以农夫绝草除根的精神去恶，不使其生长，使善得以弘扬与发展。"赏善罚奸，国之宪法也。"（《国语·晋语》）

"仁"，可以说是义之隐，常常仁义相连。子曰："唯仁者能好人，能恶人。"（《论语·里仁》）"好仁者，无以尚之；恶不仁者，其为仁矣，不使不仁者加乎其身。"（《论语·里仁》）

孔子就是以仁作为道德评判标准的。孔子还说："己所不欲，勿施于人。"（《论语·颜渊》）其实这既是人类相处的方法，又是人与人之间的道德标准。

也就是说，凡是能以"己所不欲，勿施于人"待人者就是仁义的，就是合乎正义的；凡是能以"己所不欲，而施于人"待人者就是不仁不义的，也就是非正义的。

荀子说："礼者，人道之极也。"（《荀子·礼论》）意思是将礼作为最高的准则与道德规范。北宋思想家李觏认为："夫礼，人道之准，世教之主也。""饮食、衣服、宫室、器皿，夫妇、父子、长幼、君臣、上下、师友、宾客、死丧、祭祀，礼之本也。曰乐，曰政，曰刑，礼之支也。""曰仁，曰义，曰智，曰信，礼之别名也。"(《直讲李先生文集·礼论第一》) 由此可见礼也是要以正义为标准。

信者诚实不欺，恪守信用，能忠信者。朱熹认为"信"涵盖四德，体现于四德。"此四者，实有是仁，实有是义，礼智皆然。如五行之有土，非土不足以载四者。"(《朱子语类》) 因此可以说不信也不能属于正义之列。信也是正义的标准内涵。《墨子·经上》曰："信，言合于意也。"意者，义也。意者得意忘言之义也。

得意其实就得其道德之谓也。所以正义包含了诸多内容，其核心就是道德，不合乎道德，无从谈正义；不合乎仁、善、礼、智、信者，也不可谓正义。中国文化"体用一元"，"用"中蕴含着"体"，"体"又离不开"用"。物物一太极，事事无碍。以下列举正义作为"本体"所贯穿的具体用途。

（一）正义与王道

《尚书·洪范》曰："无偏无党，王道荡荡。"意思是说公正不偏，即可实现王道。王道者其实就是能得民心者，内以德服人，外能惩恶扬善者。荀子说："故用国者，义立而王，信立而霸，权谋立而亡。"(《荀子·王霸》) 王道本身就是文武兼备，文武缺一焉能称道乎？孔子也说一个国家要想立于不败之地，需要"民信"、"足食与足兵"。"民信"在于以德服人,"足食与足兵"则倾于有力量,类于"武备"。春秋时代王道包含有霸道,霸道在力,王道在德,德力不分则易于征服人心。荀子还讲义荣与势荣,义荣以德为核心,势荣则因权位高而受到尊重,两者合一方可击敌如摧枯拉朽之势。中国古代之霸道与今日之霸权主义有着本质的不同。古代之霸道内含着王道之德,霸道也须合义而行。王道与霸道是两种不同的政治理念,区别就在于是否真正实行仁政。而今日之霸权主义侵略他国,侵略得逞后将征服国视为殖民地,并分为等级,进行程度不同的剥削,越疏远者剥削程度越深,作为殖民地的被征服国还要源源不断地为他们输送资源。霸权主义与我国古代的霸道截然不同。

汉代总结历史经验时说:"且汤武逆取而以顺守之,文武并用,长久之术也"。(《史记·郦生陆贾列传》)意思是说打天下可以逆取,逆取就是要依靠武力为主夺取天下,但天下一旦取得,则要依靠仁政、王道而治理,文武并用,其实就是王道与霸道兼用,在夺天下时,霸道中杂以王道,治天下时则王道中杂以霸道,一武一文,一文一武,张驰相得益彰。王霸之道都以顺民心为主导,手段有所不同而已。对于王道与霸道,在中国文化中,两者是兼容的,与义利合一相似。合乎正义的王霸兼用之道既能得民心又可扶正抑强。

(二)正义与礼法

中国文化注重家文化,家文化以伦理为本,即"父慈子孝,兄友弟恭,男义女贞"。以此为基础推及于国于天下而成五伦,即"父子有亲，君臣有义，长幼有序，男女有别，朋友有信"。此五伦是维系社会道德秩序的基础。顺此五伦所建立的礼义规范就是礼，违逆五伦而给予惩罚者就是法，以礼为主、以法为辅助，就是礼法合制。礼法合制也叫礼刑合制，也叫德法合制，合制之义在于将道德精神贯穿于礼刑之中，使情、理、法融为一体。此不同于西方之将情、理、德与法隔离开来之"法"，此"法"无道德情理，仅是一由各种势力博弈而得的规则。所以在中国历史上无论称之为礼还是法，其实都是礼法合一的整体，只是礼多刑少，或礼少刑重而已。与西方之无道德伦理之"法"完全不同。

在古代礼法的手段虽异但精神是一致的，礼法精神在正义，正义精神表现则在礼法上违背正义之礼法是恶法浑礼。所以说："为政必立善法，俾可以垂久而传远。"（《河南程氏粹言·论政篇》）

正义者，恰到好处，宜也。因此礼法既不能陈义过高，也不能禁人所必犯。陈义过高，则会犯"高不可及者，不可以为人量；行不可逮者，不可以为国俗"的错误。这是《淮南子·齐俗训》中的话，意思是说礼法不可有过高的要求。要以绝大多数人的理想与践行理想的可能性为基础。"乱世之法，高为量而罪不及，重为任而罚不胜，危为禁而诛不敢。民困于三责，则饰智而诈上，犯邪而干免，故虽峭法严刑，不能禁其奸。何者，力不足也。"（《淮南子·齐俗训》）意思是：把过高的尺度作为标准，达不到就处罚；把过重的任务压下来，不能完成就治罪；把过于危险且很难的事情作为考验人的标准，不敢上前领受就处罚。民众被上面三条困住了，就会弄虚作假欺骗上级，做邪恶之事触犯上级，所以虽有严刑峻法也不能禁止他们的奸伪。为什么呢？标准太高，力不从心的缘故。"强人之所不能，事必不立；禁人之所必犯，法必不行。"(《默觚下·治篇》)

所以"故法不察民之情而立之，则不成"(《商君书·壹言》)。欧阳修在《纵囚论》中说："尧、舜、三王之治，必本于人情，不立异以为高，不逆情以干誉。"所以礼法合乎正义，就是要合乎人情，合乎民心。合乎民心，人情礼法才行得通，行得久。

《商君书·说民》曰："法详则刑繁，法简则刑省。"商鞅的意思是说法令要简约，使人明白易知。

法的正义性，还体现在国法面前人人平等方面。管子说："故明王慎之，不为亲戚故贵易其法，吏不敢以长官威严危其命，民不以珠玉重宝犯其禁。"(《管子·禁藏》)意思是说，明君对于法非常慎重，绝不为亲故权贵而修改法律，官吏也不敢利用权力破坏法律，百姓也不敢利用珠宝贿赂而触犯法律。

礼法并行，才合乎正义。《左传》说："民不见德而唯戮是闻，其何后之有？"

荀子还说："故不教而诛，则刑繁而邪不胜；教而不诛，则奸民不惩；诛而不赏，则勤励之民不劝；诛赏而不类，则下疑、俗险而百姓不一。"(《荀子·富国》)意思是：不教育而进行惩罚，那么即使有再多的刑法也制止不了邪恶；只知道教育而不惩罚，那么奸邪之人就有侥幸之心；有惩罚而无奖赏，勤勉守法者便得不到鼓励；奖赏与惩罚若不依据法律，百姓就会疑惑，风俗险恶，而百姓就不会团结一致。

"以礼义治之者，积礼义；以刑罚治之者，积刑罚。刑罚积而民怨背，礼义积而民和亲。"(《汉书·贾谊传》) 所以说，礼法合制应以礼为主，德义积得多则民心服，刑法多往往违逆民心。正义的原则正是要求顺应民心，以人民的利益为根本，所以礼法应以积德义为根本。扬善是积德，惩恶也是积德，关键在于所惩之恶与所扬之善是否顺应民心。

（三）正义与厚生

厚生主要指与民生相关的经济等问题。内容有二：其一指利义统一，前文已有论述；其二指民本，或者叫重民、爱民等。可以说唯有以民为本，树立为民服务的意识才能称之为是合于义的。正义原则要求永远要以人民为中心，而不是以贵族为中心，更不是以富人为中心，也不是以少数人为中心。所以说："圣人无常心，以百姓心为心。"(《老子·四十九章》)

荀子认为："天之生民，非为君也；天之立君，以为民也。"(《荀子·大略》) 意思是说，天生百姓，不是为了让君主过好日子，而设立君主恰恰是为了安民，让百姓过好日子。

汉代贾谊说："民无不为本也，国以为本，君以为本，吏以为本。"(《新书·大政上》) 贾谊的意思是，没有不把百姓作为根本的，国家以百姓为根本，君主以百姓为根本，官吏以百姓为根本。汉代班固也说："故列土为疆，非为诸侯；张官设府，非为卿大夫。皆为民也。"(《白虎通·封公侯篇》) 意思是分封土地、划定疆界不是为了诸侯，而是为了百姓。设立官职，仍然是为了百姓，而非为了官员。在古代地域广大,人烟稀少,天子分封诸侯便于管理,但目的不是为了诸侯,而是为了安民。同样设置百官,以协助天子共同为民服务,以得民心。

唐代陆贽说:"是以人为本,以财为末。人安则财赡,本固则邦宁。"(《均节赋税恤百姓第一条》)陆贽主张人民是根本,财富是其次的,财富是为民服务的手段。人民安稳了,财富自然也会充裕。根本稳固了,国家自会安宁。

历代统治者重民、爱民,不是让民不劳而获,不劳而食。恰恰相反,是让民勤俭朴素。依靠人民之力安民惠民。《管子·形势解》曰:"明主救天下之祸安天下之危者也。夫救祸安危者,必待万民之为用也,而后能为之。"意思是救危解祸在于动员人民、依靠人民,唯有人民被动员起来,依靠人民为其所用才能完成。孔子讲的"惠而不废"其实就是这个意思。就是要依靠人民而安人民,"因民之所利而利之"。今日扶贫工作也应坚守这个原则,要让贫困者自己觉悟起来,勤于耕作,勤于置业,并且知道节俭,量入为出,开源节流,以自力更生为主,扶贫只是在启发引导,解决一些生存与发展瓶颈问题,培养互助的团结精神,对于有劳动能力的农户要充分激发其奋进勤俭的精神,对于无劳动能力的老弱病残、鳏寡孤独者,则要启发以家文化为核心的祠堂文化、乡约文化予以解决,以促使尊老携幼、"老吾老以及人之老,幼吾幼以及人之幼"传统文化的复兴。扶贫一定要在构建传统扶贫文化上下功夫,依靠祠堂文化、乡约文化来完成,如同中医之"扶正祛邪",依靠自身之力获得健康,绝不是全然依靠外力,更不是养懒,使不劳而得成为风气。

"国无民，岂有四政！封疆，民固之；府库，民充之；朝庭，民尊之；官职，民养之。奈何见政不见民也。"这是清人唐甄《潜书·明鉴》中的一句话，意思仍在强调人民与政治的关系。人民是国家的根本，无此根本，疆域谁来守护，谁来充实府库，谁来养活官吏。由此可见，国家必须将安民、用民结合起来，安民之要在于恰当地用民。所以在周朝推行了井田制，在春秋战国时，秦国率先推行了小家庭土地私有制，从而极大调动了农民的积极性。将安民、用民、强国结合起来。安民、用民，才能使国家富强，而国家富强才能更好地安民。安民、用民与强国相辅相成。安民之本在衣食无忧，衣食无忧在耕艺，耕艺在乡村社会的繁荣，乡村社会繁荣在于奖励耕织，维护农户的土地制度，使农户确实享有土地产权，无期限地拥有，而不是几年调整一次，更不能被城市发展规划进去，使农户提心吊胆，心无着落，或者心存侥幸心理，右盼左顾，希冀转变身份，寄希望过商贾生活，摆脱艰苦的农耕生活。可以明确地讲，作为一个人口众多的大国，农耕生产永远是基础，吃饭问题永远是最大的问题。

《六韬·国务》曰："故善为国者，驭民如父母之爱子，如兄之慈弟也。见其饥寒则为之哀，见其劳苦则为之悲。赏罚如加于身，赋敛如取己物。此爱民之道也。"意思是说民众与国家的关系如一家人，国君乃人民的家长，如父子，如兄弟，设立赏罚如赏罚自己，收税如同从自己身上收取。国君与民众不是统治者与被统治者的关系，更不是阶级关系，而是伦理关系。关于爱民的具体方法，管子讲得好！《管子·版法解》曰："凡众者，爱之则亲，利之则至。是故明君设利以致之，明爱以亲之；徒利而不爱，则众至而不亲；徒爱而不利，则众亲而不至。爱施俱行，则说君臣、说朋友、说兄弟、说父子。"意思是说爱民与利民兼而有之，这样才能使人民亲近且归附国家。那么，君臣喜悦、朋友喜悦、兄弟喜悦、父子喜悦、民众皆大欢喜了！

那么如何利民呢？孟子提出恒产论。孟子说："民之为道也，有恒产者有恒心，无恒产者无恒心。苟无恒心，放辟邪侈，无不为已。"（《孟子·滕文公章句上》）孟子之意在于给百姓安置适合于自家劳动力的恒产，恒产主要指田宅，这样百姓才会安居好德。"五亩之宅，树之以桑，五十者可以衣帛矣。鸡豚狗彘之畜，无失其时，七十者可以食肉矣。百亩之田，勿夺其时，数口之家可以无饥矣。"（《孟子·梁惠王章句上》）这里的百亩相当于现代的30亩地。孟子认为利民莫过要求人民获得土地、田宅，让人民依靠自己的勤劳获得衣食之足。孟子的制民恒产思想对于今日中国农村土地改革有非常重要的现实意义，今日中国农村土地产权不归农户，而归集体，虽说有30年的承包权，但各地执行不一，很多地方以人口增减为由三年一调整，五年一变化，致使很多农户不愿意对土地进行长期投资；今日之农村还受城市化思想导向影响，撂荒现象更加严重。真有被古人称之为"生之者寡、食之者众"的令人担忧的局势。商鞅变法的核心思想还是制民恒产，并将耕作与寓兵于农结合起来，同时在秦国土地多与人口少的背景下，吸引秦国以外的百姓到秦国安家，开垦土地，以增强秦国的实力，最后统一天下。管子的"均田分力"思想仍然是制民恒产，只是强调让"力"与"田"分配得当，既无田野之荒，也无人力之闲置，有效地配置人力资源与土地资源。

荀子说："强本而节用，则天不能贫；养备而动时，则天不能病。"（《荀子·天论》）强本就是以农为本，节用就是节约支出，量入为出。强本节用是利民安民的根本。

清人王夫之讲："人主移于贾而国本凋，士大夫移于贾而廉耻丧。"（《读通鉴论》卷三）其意是以农为本。那么如何实现以农为本呢？一则在"天人合一、心物一体"价值下进行精耕细作，即不违农时、因地制宜、家庭耕作，这样既可以和谐人与自然的关系，也可以和谐人之身与心的关系；二则"均田分力"，缩小贫富差距，有效充分地配置人力与土地，剪除富商大贾等豪强势力，加强中央集权，构建农耕的伦理的社会主义，和谐人与人的关系；三则勤耕向内求，而非向外求，使民众的品德较之从事商业者为高，勤俭孝悌之美德远比城市为优；四则从事农耕者身体强健，是最好的兵源；五则制人而不制于人，可以自力自给自足，无求于外，利于提高农村综合素质，使人得以全面发展。不似工业大机器生产，使人异化，农耕生产方式是体用合一的一种生产方式，合于正义的原则。

（四）正义与利用

利用者，利用自然资源，并且用而不竭不枯，可以长久。如果既能充分利用自然，又能使自然资源生生不息，使人类的开发永远限制在自然资源可再生的限度内，就必须树立道法自然、中庸无为的思想。也就是树立自然第一，人为其次的思想，人只能恰当地适度地作为，或者不妄为，所为必须顺应自然。《老子·第二十五章》曰："故道大，天大，地大，王亦大。域中有四大，而王居其一焉。人法地，地法天，天法道，道法自然。"也就是说，在人与自然之间，人是居于从属地位的，人要学习天道地道，依据天道地道而作为，譬如顺应四季之变化而穿衣做饭作息。孔子之"不时不食"就是要求人不吃违逆季节的食果。古代的"人定胜天"思想只是在人遇到灾祸时，为鼓励人加以劝勉而已。

《庄子·应帝王》曰："南海之帝为倏，北海之帝为忽，中央之帝为浑沌。倏与忽时相与遇于浑沌之地，浑沌待之甚善。倏与忽谋报浑沌之德，曰：'人皆有七窍以视听食息，此独无有，尝试凿之'。日凿一窍，七日而浑沌死。"浑沌之死，原因何在？原因在于把自然而然的浑沌按照人的标准分割为七窍，故浑沌死。

《孟子·梁惠王上》曰："不违农时，谷不可胜食也；数罟不入洿池，鱼鳖不可胜食也；斧斤以时入山林，材木不可胜用也。"

孟子之意在说，要在适当的时候做适当的事情，不可盲目利用大自然。不违背农时，粮食就不会缺乏；不用细密的渔网捕捞小鱼，才会有更多的鱼。山上之木是可砍伐的，因为山上的树木，越长越繁密，既影响太阳光的光合作用，树根之间又相互争夺养分，影响了树的正常发育，所以砍伐繁茂的树枝与树干，甚至挖掉一些树，不仅不会影响森林的茂盛，反而会促进森林的茁壮成长。关键在于砍伐要适时有度。孟子道出了可持续发展的道理。今日生态环境恶化的根本原因在于无度地开发利用大自然，所为者何？货币符号。货币符号是无限的，而大自然的资源是有限的，人的精力与时间也是有限的，以有限而追求无限，不仅自然会毁灭，人也会精疲力竭。

《荀子·王制》曰："圣王之制也；草木荣华滋硕之时，则斧斤不入山林，不夭其生，不绝其长也；鼋鼍、鱼鳖、鳅鳣孕别之时，罔罟、毒药不入泽，不夭其生，不绝其长也。春耕、夏耘、秋收、冬藏，四者不失时，故五谷不绝而百姓有余食也；污池渊沼川泽，谨其时禁，故鱼鳖优多而百姓有余用也；斩伐养长不失其时，故山林不童而百姓有余材也。"荀子与孟子的思想基本相同，都在强调要顺应季节的变化进行砍伐与捕捞，有度适时而为方可。

《论语·述而》曰："子钓而不纲，弋不射宿。"孔子重在强调生态伦理。《礼记·祭义》曰："曾子曰：'树木以时伐焉，禽兽以时杀焉。'夫子曰：'断一树，杀一兽，不以其时，非孝也。'"曾子同样将人的情感推及于万物，目的仍在要求人类要节制地利用自然。

《老子·第八十章》曰："小国寡民，使有什伯人之器而不用，使民重死而远徙。虽有舟舆，无所乘之；虽有甲兵，无所陈之。"《老子》从根本处反对以提高效率为目的的科学技术，使人不执着在智巧上，也不要企图占有更多的与自己体能不符合的土地。仅仅拥有生产能力所能及的，而且能够满足自己家庭所需的粮食与部分的其他生产资料即可。老子看到了战争的根本原因在于人欲望的膨胀，而科学是纵人欲望的、诱惑人的，科学会使人朝另外一种人压迫人、人掠夺自然、毁灭自然的方向上发展。

庄子从更高的角度，指出了对知识的无限探索可能会带来的危害，其中最明显的危害就是打乱自然秩序与损物之性。《庄子·胠箧》曰："故天下每每大乱，罪在于好知。故天下皆知求其所不知，而莫知求其所已知者；皆知非其所不善，而莫知非其所已善者，是以大乱。故上悖日月之明，下烁山川之精，中堕四时之施，惴耎之虫，肖翘之物，莫不失其性。甚矣，夫好知之乱天下也！"

庄子提倡绝圣弃知，返归原始，但这种社会观是消极的，虽然不符合人类社会的历史发展事实。但他提倡不破坏环境，不追求无义之知识，对于人类是有警示意义的。

《尚书》认为："正德、利用、厚生、惟和"。这里正德是纲，利用、厚生为目，惟和是目标。正德与正义意思相近，规范合理限制适当的利用自然，就是正德；追求人在道德上的提升，也是正德，背逆道德而崇拜物质，如同行尸走肉。厚生，就是关爱民生，满足民生的基本物质需要，如果在此之外，还要无休止地追求物质财富，人类就会无顾忌地开发自然，破坏自然，最后使人与自然、人与人、人与众生等失去和谐，影响社会的可持续发展。

（五）正义与弘文

中国文化因起源于农耕文化，完成于家文化。所以崇尚天道，不违天时，因地而制，注重勤俭、孝悌、均平。劝人积善行义，而且由近而远，由易而难。诸如"尽人事听天命，道德肇于孝悌，己所不欲，勿施于人"等。既合乎道，又易实行。道德教化从孝悌开始。子曰："弟子入则孝，出则弟，谨而信，泛爱众，而亲仁。行有余力，则以学文。"(《论语·学而》)试想人生中对于我们有莫大恩情者，莫过于父母。若对父母不知敬爱，不知感恩，何来爱他人的情义？而人也正是因感恩父母，敬爱父母，才亲爱与父母相关的各类亲属，从而使爱心伴随亲情的扩大而推及于乡邻、乡里、国家以至天下所有的人。中国文化中的根本精神在仁爱，仁爱的深层意思是相互感动，我们常说麻木不仁，意思就是说不被感动，无恻隐之心。儿女对父母之孝心，其实是因为父母的慈爱心，所以说父慈子孝，兄友弟恭，夫义女顺，不仅父子之间相互感动，兄弟之间亦是，夫妻之间也是，由此推及社会，则有君事臣以礼，臣事君以忠；你敬我一尺，我敬你一丈，于是五伦成矣！五伦成立则道德建立。我们在此再引申一下，在父慈子孝中，父亲是爱的启发者，在兄友弟恭当中，兄是爱的启发者，在君臣之间，君是启动者，君先待臣以礼，而后臣以忠诚相事，夫妻之间，夫是启动者，启动者就是先知先行先觉者，先知先行先觉者就是模范，有此模范就不怕社会道德秩序建立不起来。正是我们文化中的伦理性道德性，我们的文化具有了"天下性"与"可持续性"。孝悌伦理，既是一种亲爱心、相感之情，又是一种责任，这种爱心与责任驱使我们后人，一定要传承它，弘扬它，通过传承文化而构建一个美好的社会，此即"志于道"，亦即要立志将无道之天下变为有道之天下，从而使我们父母、子孙能过上幸福的生活。为此，我们不应该苟且偷生，要义重如山，要像我们的祖先学习，以此感恩我们的祖先，是他们为了我们的幸福，筚路蓝缕，艰苦奋斗。这种为子孙谋幸福的精神代代相传，薪火相续"志于道"，又必须修好德行，修德之根本又在孝悌，在能以

"己所不欲，勿施于人"的精神待人，此外，还要学会更多的具体本领，即"游于艺"。学农学工学军学医，既能安己又能齐家治国平天下，内圣外王，内圣外庸，随遇而安、素位而行。

所以弘文就是弘扬中国文化，也就是弘扬"敬鬼神而远之"、重人文、薄鬼神、不拜物的人文主义精神。

在历史上重视文教者，首推汉武帝，虽说汉武帝以抗击匈奴为其伟业功绩，而载于史书。然而，试想若无罢黜百家、独尊儒术，何以来孔子之至高无上的尊严？何以建立太学？何以确立以举孝廉为核心要求的察举制？何以扭转汉朝70余年因推行黄老之治而形成的诸侯与巨商大贾尾大不掉的局面？因此武帝文治武功兼而有之，且功劳大矣！其次则莫过于唐太宗。

唐朝承袭隋朝的历史文化遗产与教训。诸如"三省六部制""科举制""均田制与租庸调制"等，虽兴于隋朝，但能实行完成者却是唐代。太宗即位不久，就"置弘文馆，精选天下文儒，令以本官兼署学士，给以五品珍膳，更日宿直，以听朝之隙引入内殿，讨论坟典，商略政事，或至夜分乃罢"。(《贞观政要·崇儒学》)

贞观二年，唐太宗下诏书停止庙祀周公为先圣，开始在国子监内设孔子庙堂，按照汉魏以来的旧典，尊仲尼为先圣，尊颜回为先师。广泛招收天下的儒士，赏赐他们钱帛并提供驿传方便，让他们到京城做官。如能精通大经中的一种就可做官。唐代的科举，将五经分为大中小三经：大经包括《礼记》《左传》；中经有《诗》《周礼》《仪礼》；小经有《易》《书》《公羊传》《穀梁传》。在国子监内，增加了400余间学舍，设置了完整的科目，即国子、太学、四门、广文、律、书、算七科，并置博士。招收各类官员与非官员子弟为生员。唐太宗经常前往，与祭酒、司业及博士进行讨论。讲完后，广赐绢帛。四面八方的儒士都带上书赶来，数以千计。不久之后，吐蕃、高昌、高丽、新罗等国首领也派遣其子弟申请入学，于是国学之内，击鼓上课打开书箧进入讲席的，几乎达万人，儒学如此兴盛，前所未有。

《贞观政要·崇儒学》说："人臣若无学业，不能识前言往行，岂堪大任？"

汉代王充说："不览古今，论事不实。"（《论衡·别通篇》）意思是不研究历史与现状，对问题的看法就不会准确。他还说："观《春秋》以见王意，读诸子以睹相指。"（《论衡·超奇篇》）可见五经中之《春秋》与诸子百家对于为政者是多么重要。

《吕氏春秋·长见》："今之于古也，犹古之于后世也；今之于后世，亦犹今之于古也。故审知今则可知古，知古则可知后，古今前后一也。"由此可见学史方可知兴替。历史的演变是循环往复的。

王夫之说："经国之远图，存乎通识。通识者，通乎事之所由始，弊之所由生，害之所由去，利之所由成。"（《读通鉴论》卷二十二）此处之通识是指渊深的见识。有渊深的见识，才能洞见历史发展的规律。正如荀子说："百王之无变，足以为道贯。一废一起，应之以贯。理贯，不乱。不知贯，不知应变。"（《荀子·天论》）荀子之意在说历史的变化有一个"一以贯之"不变的东西，掌握了这个东西，就知晓了历史的变化规律。

"夫不学，则不明古道，而能政政太平者未之有也。"这是《贞观政要·尊敬师傅》里的一句话，意思是说要学习古代的历史文化，不学习就不明白朝代兴盛与衰亡的道理，不明白朝代兴衰的道理，就不会有正确的治国思想，思想不正确，何来太平之天下呢！王夫之甚至说："古无不学之天子。"（《读通鉴论》卷六）即便如此，也不乏昏君，也不乏乱世。因为在知与行之间还有距离，能知行合一者，还是不容易的。当然在历史上，还有历史周期气数之使然的情况，生不逢时者，也大有人在。

对儒学之推崇，不仅可以知人、知己、知天下之兴替，更重要的还有教化民众的意义。孟子说："仁言不如仁声之入人深也，善政不如善教之得民也。善政，民畏之；善教，民爱之。善政得民财，善教得民心。"（《孟子·尽心章句上》）

《淮南子·主术训》曰："以正教化者易而必成，以邪巧世者难而必败。"今日社会腐败不堪，道德下滑，原因何在呢？脱离传统文化，脱离孝悌之教，脱离勤俭、均平的教育。而迷恋于西方的政治学、经济学等，沉迷于智巧，所得在智巧，所失在自性。西方政治学尚力，西方经济学尚利而且不择手段，法律是资本家依据自己的利益制定出来的规则，无丝毫正义可言。

张之洞在《劝学篇》中说："窃惟古来世运之明晦，人才之盛衰，其表在政，其里在学。"张之洞的意思正是强调弘扬中华优秀传统文化的重要意义。不弘扬中华优秀传统文化，不学习古代的文化，何来人才之辈出？何来政治之清明？

荀子说："圣人也者，道之管也。天下之道管是矣，百王之道一是矣。故《诗》《书》《礼》《乐》之归是矣。《诗》言是，其志也；《书》言是，其事也；《礼》言是，其行也；《乐》言是，其和也；《春秋》言是，其微也。故《风》之所以为不逐者，取是以节之也；《小雅》之所以为《小雅》者，取是而文之也；《大雅》之所以为《大雅》者，取是而光之也；《颂》之所以为至者，取是而通之也：天下之道毕是矣。乡是者臧，倍是者亡。乡是如不臧，倍是如不亡者，自古及今，未尝有也。"（《荀子·儒效》）意思是：圣人是思想的枢纽，是"道"的总汇。天下的"道"都统一归集在圣人这里了。"言是"，就是言正义。《诗》是合于正义而说志向与理想的；《书》是合乎正义、合乎道德，而说政事的；《礼》是合于正义，规范行为的；《乐》是合于道德标准而和谐心情的；《春秋》是以道德为标准，通过隐微精深的语言而隐喻对人事的褒贬的。《国风》之所以不失于放荡，原因在于坚守正义而有所节制；《小雅》之所以不失其正，就是遵守正义而修饰润泽的缘故；《大雅》之所以为大雅，是因为遵循正义，而要发扬光大的缘故；《颂》之所以为登峰造极的作品，是因为合乎正义并贯通上下的缘故。天下之道都在这里了，顺从道就会有好结果，背离道则会灭亡。

所以弘文之意正在于弘扬《五经》，弘扬圣人之学。圣人之学皆合乎大道，从之无所不通，无所不由。以正义而节制贪之者、过之者、甚之者而已。从而使天下万物并行而不悖，各得其所，永续和谐。

经典中的「正义」

一、《管子》

《管子》一书由西汉的刘向约于公元前 26 年编辑而成，以春秋时代的政治家、哲学家管仲命名，书中大部分的思想是属于管仲及其学派的。原有 86 篇，其中 10 篇已佚。全书内容包括《经言》9 篇，《外言》8 篇，《内言》7 篇，《短语》17 篇，《区言》5 篇，《杂篇》10 篇，《管子解》4 篇，《管子轻重》16 篇。

《管子》一书有道家、法家、阴阳家、名家等各家思想，以及天文、历法、舆地、经济和农业等知识。尤其以经世济民而著明，书中很多经济、货币、贸易等思想已经形成了系统的理论，今人不能超越其右。书中讲述的很多贸易战、粮食战对于应对当今纷争的世界形势，具有非常重要的参考与借鉴意义。

【作者简介】

管仲（约公元前 723—前 645），名夷吾，字仲，谥敬，颍上（今安徽省颍上县）人。由鲍叔牙推荐，被齐桓公任命为卿，尊称"仲父"。

管仲在齐国进行改革，实行轨、里、连、乡四级编制，又将居民实行邑、卒、乡、县、居五级编制，促进了经济的发展，使齐国国富民强，成为春秋时第一个霸主。其言论收入《管子》一书。

【选文】

故事莫急于当务，治莫贵于得齐^①。制^②民急则民迫，民迫则窘，窘则民失其所葆^③；缓则纵，纵则淫，淫则行私，行私则离^④公，离公则难用。故治之所以不立者，齐不得也。——《管子·正世》

【注释】

① 齐：适中。

② 制：管理。

③ 葆：同"保"，保障。

④ 离：背离。

【翻译】

治国最可贵的是缓急适中。管理人民过急则困迫，困迫则无所适从，无所适从则人民失去保障；管理过缓则人民放纵，放纵则淫邪，淫邪则行私，行私则背公，背公则难以使用了。所以治国之政治措施所以立不住，就是因为没有得到这个"适中"。

【解读】

治国之大道在于允执厥中。也就是兼顾两端恰到好处，"急"，就是指要求严厉，政策多变，而且没有自主的空间，这样下去百姓像天天打仗，心不能安下来，无所适从，疲惫不堪，难以持久。"缓"，就是过于散漫，自由闲适，无所事事，安逸无聊，安逸无聊则恶心生，恶心生则为非作歹，所以治民要急缓得中，急中有缓，缓中有急，如农夫种田，除了春耕夏耘秋收冬藏依季节之变而忙而闲，还要加之以节日，这样既有礼俗教化之用，又有平衡缓急之功。

【选文】

野芜旷，则民乃荒〔管〕，上无量则民乃妄^①，文巧不禁则民乃淫^②，不璋^③两原^④则刑乃繁。——《管子·牧民》

【注释】

① 妄：挥霍无度。

② 淫：放纵淫荡。

③ 璋：通障，堵塞。

④ 原：根本、源头。

【翻译】

田野荒芜废弃，人民也将由此而怠惰；在上者挥霍无度，百姓就胡作非为；奢侈不禁，百姓就放纵淫荡。不堵塞这两个源头，犯罪的人就多，用刑也就很多。

【解读】

凡事物皆有其根本。古代楚国聘用詹何，问他治国的根本，詹何说修身是治国的根本，又说没有听说过自身修养好而国家发生动乱的。因此，在上者勤俭，则百姓勤俭；在上者奢靡，则百姓放荡。怠惰与奢侈是祸乱的源头，怠惰就不能安足，不能安足，就铤而走险，偷盗抢劫；奢侈成风就会搜刮民财，扰乱民众，民众被扰乱，就会逼上梁山造反。

【选文】

明主不用其智，而任^①圣人之智；不用其力，而任众人之力。故以圣人之智思虑者，无不知^②也；以众人之力起事者，无不成

也。——《管子·形势解》

【注释】

① 任：用。

② 知：了解、知道。

【翻译】

明主不用自己的智慧，而用圣人的智慧；不用自己的力量，而用众人的力量。所以，以圣人的智慧思考问题，就没有不了解的问题；用众人的力量做事业就没有不成功的。

【解读】

明主的要领在于用人，而不在做事。用人的根本在尊贤纳谏。尊贤之要领在于谦虚，所以《老子》说："善用人者为之下。"意思就是说，作为领导要谦虚，要卑己尽礼。此外还要能兼听，要能明辨是非，能决断优劣，尤其要能听取逆耳之言，这样圣者、贤者才能心悦诚服地为其谋划，百姓也愿意为其效力。

【选文】

政之所兴，在顺①民心；政之所废②，在逆③民心。——《管子·牧民》

【注释】

① 顺：顺应。

② 废：废弛。

③ 逆：违背。

【翻译】

政令之所以能够推行，在于顺应民心；政令之所以废弛，在于违背民心。

【解读】

得民心是政治的根本。要得民心，必须时时心存百姓，以百姓之心为心，具体而言就是为百姓分配土地，鼓励百姓耕种稼穑作为百姓立身齐家、代代相传的根基。还要轻敛薄赋，倡导孝悌，敦厚民风，若能做好这三件事，就是顺应民心，否则就是违逆民心；违逆民心，则国祚能不久。

【选文】

民之从①有道也，如饥之先食②也，如寒之先衣③也，如暑之先阴④也。故有道则民归之，无道则民去之。——《管子·形势解》

【注释】

①从：归于、依附。

②食：吃东西。

③衣：穿衣服。

④阴：乘凉。

【翻译】

人民归附有道的君主，如同饥饿时想吃食物，如同寒冷时想穿衣，如同暑热时想乘凉一样。所以，有道则人民归附，无道则人民离散。

【解读】

为君者能得道，就能使民心归附。得道之君，能行施仁政就能得到人民的拥护。因为，仁政就是爱民之政，仁政是以民本为施政的出发点的，也可以说就是以为人民服务为宗旨的政治，亦即以人民为中心的政治。仁政对于百姓比水与火都重要，如同饥饿者对于食物需要之紧迫，寒冷者对于衣服需要之紧迫，所以说仁政推行起来如顺水行舟，并不困难。

【选文】

故先慎①于己而后彼，官②亦慎内而后外，民亦务本而去末。——《管子·禁藏》

【注释】

① 慎：谨慎，指严格要求自己。

② 官：官员、官府。

【翻译】

君主首先严格要求自己，然后再要求别人；官府也应首先管好内部，然后才能管好外部；百姓也才能专心于农业生产而放弃从事不正当的行业。

【解读】

正己方能正人，严于律己，宽以待人，自己做到了才能要求别人。同样，一个组织首先要将内部治理好，如果内部不能得以治理，岂能舍近求远，治理外部呢？在中国文化看来，凡事物皆由内因与外因相互作用而成，而在内因与外因的关系中，内因是起决定性作用的。老子的守阴抱阳思想也是说了这样的道理。所以凡事皆以端正自己为要。

【选文】

人君唯毋听群徒①比周②，则群臣朋党③，蔽美扬恶，然则国之情伪不见于上。如是则朋党者处前，寡党④者处后。夫朋党者处前，贤不肖不分，则争夺之乱起，而君在危殆⑤之中矣。——《管子·立政九败解》

【注释】

①群徒：众人。

②比周：结党营私。

③朋党：集团、派别。

④寡党：党羽少。

⑤危殆：危险、危急。

【翻译】

君主只要对结交朋党听之任之，群臣就会搞朋党活动而无顾忌，掩盖贤良，吹捧邪恶，这样，君主就无法了解真假。朋党势力大者在台前活跃，无朋党的或朋党势力小的就被挤在后台。贤与不贤无法分清，争夺祸乱就开始发生，而君主就处在危险的境界了。

【解读】

历代君主都非常明白朋党之害。朝廷一旦有了朋党，就无是非真理可言。朋党只从自己的小团体利益出发，凡是自己团伙的主张，一律点赞拥护，凡是敌对团伙的主张一概反对。君主若被他们包围了，很难辨别真假与是非。因此，古代讲"以道事君，不可则止"。而合于道者，往往利于民，而不利于贵族，亦不利于朋党，所以在现实中很难推行，若逆之，轻则被罢官，重则以莫须有之罪而身陷囹圄。所以孔子说："君子比而不周，小人周而不比。"意思是要团结但不能拉帮结派。庄子也说"公而不党、易而无私"，反对朋党政治是中国古代政治的基本主张。

【选文】

主无术数①，则群臣易欺之；国无明法，则百姓轻②为非。——《管子·明法解》

【注释】

① 术数：权谋、谋略。

② 轻：容易。

【翻译】

君主无权谋，则群臣容易欺骗他；国无明确的法度，百姓容易为非作歹。

【解读】

"术"者，权谋也，智慧也。"法"者，明确什么可以做，什么不可以做，是行为规范。君主无智慧与权谋，是很难判断真伪的，真伪错乱，是非自然不明、忠奸自然不分，这样必受制于逆臣。

同样，国无可以依据的礼法，则百姓无所措手足，而天下之邪恶者，则从中钻空子，为非作歹。

【选文】

夫霸王之所始也，以人①为本。本治②则国固，本乱则国危。——《管子·霸言》

【注释】

①人：人民。

②治：治理。

【翻译】

霸王之业的开始，必以人民为根本。人民得到了治理，则国家稳固；根本失去了，则国家就危险。

【解读】

安民是治国第一要务，安民之要重在民信、温饱与不受侵略。民信就是建立政府与人民的相互信任关系；温饱问题重在辛勤耕织，自给自足；不受侵略，则要保存一支富有战斗力的国防体系。

【选文】

人主之所以令①则行、禁②则止者，必令于民之所好，而禁于民之所恶也。——《管子·形势解》

【注释】

①令：命令。

②禁：禁令。

【翻译】

人君之所以能令行禁止，一定是所倡导的合乎百姓意愿，所禁止的正好是百姓所厌恶的。

【解读】

治国之根本在得人心，而人心是指人与人之同理之心，同理之心其实包括"己所不欲勿施于人"之善心与"己所不欲而施于人"之恶心。对于善心、善行进行鼓励，对于恶心、恶行则进行禁止，如此则顺应民心，顺应民心的礼法则容易执行。

【选文】

听之术^①曰：勿望^②而距^③，勿望而许^④。许之则失守^⑤，距之则闭塞。——《管子·九守》

【注释】

① 术：方法。

② 望：轻易。

③ 距：通"拒"，拒绝。

④ 许：允许。

⑤ 守：原则。

【翻译】

听取情况的方法是：不要轻易拒绝，也不要轻易允诺。轻易允诺就可能失去原则，轻易拒绝则可能导致闭塞。

【解读】

当领导的艺术，最重要的方法之一就是要学会听取不同人的意见。并且在听完之后，不急于发表意见，不随意否定，也不随意肯定。在态度方面，要尽可能虚怀若谷，温、良、恭、俭、让，不带有成见，不自以为是。

【选文】

沉于乐者洽^①于忧，厚于味^②者薄于行，慢^③于朝者缓于政，害于国家者危于社稷。——《管子·中匡》

【注释】

①洽：浸润。

②味：美味、美食。

③慢：怠慢。

【翻译】

沉溺于宴乐就会被忧患浸润，一味追求享受就会薄于德行，怠慢于朝廷就会懈怠于政事，有害于地方就会危害于朝廷。

【解读】

在日常生活习惯中如何预防堕落？当我们宴席请客喝酒多时，就会居安而不思危，欠缺忧患意识；当我们贪图美味时，俭朴之美德就渐渐远离我们；当我们慢待我们的职责时，政事就会被懈怠；当我们做有害于地方的事情时，就会危害百姓。所以要敬事、勤业、节俭，也就是不怠慢、不懒惰、不奢侈。

二、《论语》

《论语》由孔子的弟子及再传弟子编写而成，至汉代成书。其主要记录孔子及其弟子的言行，较为集中地反映了孔子的思想，是儒家学派的经典著作之一。首创语录体并以其为主，叙事体为辅，集中体现了孔子的政治主张、伦理思想、道德观念及教育原则等。与《大学》《中庸》《孟子》并称"四书"。

【作者简介】

孔子（公元前551—前479），名丘，字仲尼，中国著名的思想家、教育家。祖籍宋国栗邑（今河南省夏邑县），生于春秋时期鲁国陬邑（今山东省曲阜市）。孔子开创了私人讲学的风气，是儒家学派的创始人。他与弟子周游列国14年，晚年修订六经，即《诗》《书》《礼》《乐》《易》《春秋》。相传他有弟子三千，其中七十二位贤人。孔子去世后，其弟子及再传弟子把孔子及其弟子的言行和思想记录下来，整理编成儒家经典《论语》。

【选文】

子曰："君子义①以为质②，礼③以行之，孙④以出⑤之，信⑥以成之。君子哉！"——《论语·卫灵公》

【注释】

①义：正义。

②质：本质。

③礼：礼制。

④孙：通"逊"，谦逊、谦虚。

⑤出：表达。

⑥信：信实、忠信。

【翻译】

孔子说："义是君子的本质，依照礼制来行动，用谦逊的语言表达它，以诚笃的态度来完成它，这就是君子。"

【解读】

孔子对君子从四个方面进行了阐释。义礼谦信，四者兼备者，方为君子。义是君子的内核，礼是君子行为的准则，谦逊是君子待人的态度，信实可靠笃行才能成就君子人格。

【选文】

子曰："君子之于天下也，无适也，无莫也^①，义之与比^②。"——《论语·里仁》

【注释】

①无适也，无莫也：没规定要怎么做，也没规定不要怎么做。

②比：挨着、靠拢、为邻。

【翻译】

孔子说："君子对天下，没有什么是可以做的，也没有什么是不可以做的，唯以正义为原则。"

【解读】

义，就是正义。正义是君子为人处事的出发点，是必须坚守的。所有可做的事，一定是合乎正义的。一切唯有遵从正义与否加以判断和选择。

【选文】

孔子对曰："政者，正^①也。子帅^②以正，孰敢不正？"——《论语·颜渊》

【注释】

① 正：端正。

② 帅：通"率"，率先。

【翻译】

孔子说："政治，就是要端正。您率先带头端正，谁敢不端正呢？"

【解读】

政治，就是以正义原则治理国家。而以正义原则治理国家，首先必须修正自己，己正而人自正。

【选文】

子曰："其身正，不令而行①；其身不正，虽令不从②。"——《论语·子路》

【注释】

① 行：行动。

② 从：服从。

【翻译】

孔子说："上面的人行为正派，下面的人自然顺随；上面的人行为不正派，虽然下了命令，但是下面的人不会听从。"

【解读】

孔子在这里讲修己安人、身教胜于言教的道理。修己在先，安人在后。修己以正，方能以正要求别人。自己做到了，才能使人信服。

【选文】

子曰："苟①正其身矣，于从政乎何有？不能正其身，如正人何？"——《论语·子路》

【注释】

①苟：如果、假如。

【翻译】

孔子说："如果为政者能端正自己，对从政有什么困难的呢？如果不能端正自己，又如何端正他人呢？"

【解读】

孔子重在讲为政者，最重要的品质在于修身。修身以正，安人又有何难？为政之要在于道德的树立，无道德之政治，只能称其为恶政。

【选文】

有子①曰："其为人也孝弟②，而好犯上者，鲜矣；不好犯上，而好做乱者，未之有也。君子务③本④，本立而道生。孝弟也者，其为仁之本与！"——《论语·学而》

【注释】

①有子：孔子的学生，姓有，名若。

②孝弟："弟"通"悌"，善事父母为孝，善事兄长为悌。

③务：致力于。

④本：根本。

【翻译】

有子说:"一个人在家能遵守孝悌之道,在外却喜好犯上不忠,这种情况很少见;在外不犯上,忠于职守,而好作乱的,也几乎不曾有过。君子对待事情常常致力于根本,根本确立了,仁爱之心便能随之建立(或一切便应刃而解)。孝顺父母,兄友弟恭,是热爱众人的根本吧!"

【解读】

孝悌之道是仁爱的根本。人若连孝敬自己最亲近的父母都不孝敬,谈何爱敬他人!父慈子孝,父母慈爱子女,子女受此感动,反过来孝敬父母,此被感动之心就是恻隐之心;同样,兄友弟恭,兄长爱护弟弟,弟弟受此感动而敬爱兄长,此亦是恻隐之心;夫妻之间,夫义妻随,同样存在着相互感动之心,将此相感之心推及君臣之间,便是君礼臣忠,推及朋友之间,便是相互敬爱,你敬我一尺,我敬你一丈。此五伦便是中国文化的基础。在五伦中,必须有启动者,即先知先觉者,先知觉后知,先觉觉后觉,在五伦中父母、兄长、夫君、君上、义友是启动者,有此启动便有被感动之心,受此感动而孝而悌而随而忠而信,启动者愈加慈爱、愈加友爱、愈加仗义、愈加礼让、愈加笃信,如此相感下去,于是家齐国治天下平。

【选文】

子夏①曰:"贤贤易色②,事③父母,能竭其力;事君,能致其身;与朋友交,言而有信。虽曰未学,吾必谓之学矣。"——《论语·学而》

【注释】

① 子夏：孔子弟子，姓卜，名商。

② 贤贤易色：一个人尊敬有才能的人胜过好色之心。

③ 事：侍奉。

【翻译】

子夏说："对人（尤其对妻子）能敬重其贤德，不重其美貌；侍奉父母能竭尽其力；对待国君能忠诚有加；与朋友交往能诚实有信。虽然他或许谦称自己没有学过什么文化，但我认为他就是有学问的人。"

【解读】

学会做人，较之学问更加重要。而做人首先在于孝敬父母，其次在兄友弟恭，在男女有别，在重视女子之德超过女子之容貌。一个人如果以贤为贤，践行忠、孝、信等德性，虽说没接受什么教育，但本质上就是最好的学习。

【选文】

曾子① 曰："慎终追远②，民德归厚③ 矣。"——《论语·学而》

【注释】

① 曾子：孔子晚年的弟子，名参（shēn），字子舆。

② 慎终追远：终，丧礼。远，指祖先。对死者的送终之礼能谨慎，对死亡已久的祖先能不断追思。

③ 厚：淳厚。

【翻译】

曾子说:"谨慎对待父母的丧事与祖先的祭祀,民众道德自然也就归于淳厚了。"

【解读】

古人非常重视丧礼与祭礼。丧礼与祭礼都属于孝的内容。丧礼是对自己已故父母的哀思,祭礼是对父母、祖先的怀念,爱乌及乌,爱父母之爱,所以仍属孝心的纵向延伸。孝心之延伸,不但仁爱之心会扩延,诸如由孝敬其父母,至"老吾老以及人之老,幼吾幼以及人之幼",而且还会产生人与人之间的相互感动。所以说"民德归厚矣"。

【选文】

子曰:"父在,观其志^①;父没^②,观其行;三年无改于父之道^③,可谓孝矣。"——《论语·学而》

【注释】

①志:志向。

②没:通"殁",死亡、去世。

③父之道:父亲的遗志。

【翻译】

孔子说:"父亲在世时,要观察儿子是否有继承父亲的志向;父亲去世以后,要观察儿子的实际行动,是否按照父亲的遗志在进行,三年大概还能继承不变,应该可以称他为孝子了吧。"

【解读】

孔子重孝道。作为孝子，父亲在世时，要立有大志，为父亲争光。在父亲去世后，则要观察他的行为，看他是否坚守父亲的为人处世之道，继承父亲未竟之事业。这些做到了，就可以称之为孝子了。在中国文化中，家文化是核心，而家文化的传承主要依靠孝道，而孝道本身又是家文化的根本，所以父亲遵循孝道以待祖父，儿子遵循孝道以待父亲，这样仁孝文化就能得以传承下去，至于说父亲是打铁的，儿子是否一定要继续打铁事业，则要依据社会的需要、子孙的喜好特长以及各种优劣条件综合考虑而定。但是有一点不能不知，也不能不忘，即"五谷民之司命也"，意思是说，土地是家文化得以传承的根本，土地既是生存的根本条件，又是艰苦朴素精神的源泉，还是能致人而不致于人、能独立自主的根本。因此家文化与农耕文化是我们这个民族永远生生不息的基本文化。

【选文】

子曰："为政以德，譬如北辰①，居其所而众星共②之。"——《论语·为政》

【注释】

①北辰：北极星，古人谓天之中心。

②共：通"拱"，环抱、环绕之意。

【翻译】

孔子说："把政治建立在道德的根本上，如同北极星一样，众星都拱卫在它的周围。"（言下之意能得民心）

【解读】

为政之根本在于修德、行仁政。有德，方有贤者跟随；有贤者跟随，方能推行仁政；能推行仁政，方能得到百姓的拥护。好比北斗之星，有众多群星围绕着他。

【选文】

子曰："道①之以政，齐之以刑，民免而无耻②。道之以德，齐之以礼，有耻且格③。"——《论语·为政》

【注释】

①道：通"导"，引导。

②耻：耻辱心。

③格：正也，指人心归服。

【翻译】

孔子说："用法制政令治理国家，以刑法进行惩治，民众虽然因畏惧而不犯罪，然而耻辱之心却难以养成；用道德为根本治理国家，亦即推行仁政，用礼制加以约束，民众的耻辱心会养成，而且会自觉改过向善，人心归服。"

【解读】

孔子强调治理国家礼制较之刑法重要。礼制以启发人的自觉意识，提升人的道德为出发点，结果使百姓既不违背礼义，又增强了耻辱心。而政令、刑法较为刚性，具有强制力，效率高，结果虽然可以使百姓就范，但其耻辱心如果没有培养起来，也很难持久。中国是一个以家庭伦理为核心的社会，伦理在于父慈子孝式的相互感动，而不是用冷漠的条款说你应该怎样，一旦人与人之间相互感动，向善的人会成为主流，作恶者会大幅度减少，刑法的执行成本也会随之锐减。

【选文】

季康子①问："使民敬忠以劝②，如之何？"子曰："临之以庄，则敬；孝慈，则忠，举贤而教不能，则劝。"——《论语·为政》

【注释】

① 季康子：鲁国大夫，季孙肥，鲁哀公时的正卿，康是他的谥号。

② 以劝：以，连词，相当于"而"、"和"；劝，一说相互劝勉，另说努力。

【翻译】

季康子问："要使百姓尊敬我、忠于我且能相互劝勉，怎么办？"孔子说："你对百姓能以庄重的礼仪对待，就会赢得尊敬；你自己能孝敬父母，慈爱百姓，百姓就会忠诚于你；你能选拔贤者，教育不贤者，百姓就会相互劝勉，努力于此了。"

【解读】

政者，正也。修己以敬，对待百姓能以礼相待，百姓自会有恭敬心。修己以孝，百姓自会孝忠于国家。倡导、选拔贤者，教育不贤者，百姓自会相互劝勉。为政之要关键在于正己修身用贤，用贤本身就具有教育、示范、引导不贤者的作用。

【选文】

或谓孔子曰："子奚①不为政？"子曰："《书》②云：'孝乎惟

孝，友于兄弟，施③于有政。'是亦为政，奚其为为政？"——《论语·为政》

【注释】

①奚：疑问词，为什么。

②《书》：《尚书》。

③施：延及，影响到。

【翻译】

有人对孔子说："先生为什么不从政为官呢？"先生回答说："《尚书》上讲：仁政就是以孝治天下，孝就是孝顺父母，友爱兄弟，把孝悌之道做到了，就会有益于政治。能行孝悌者就是从政，为什么一定要当官才算是从政呢？"

【解读】

孔子在这里讲的是政治的根本原则，就是要以治理家庭为基础，然后将治理家庭的根本，即孝悌之道，推及全社会，从而实现齐家治国平天下。这种修齐治平理想的实现过程，也叫政治伦理化。

【选文】

定公①问："君使②臣，臣事③君，如之何？"孔子对曰："君使臣以礼，臣事君以忠。"——《论语·八佾》

【注释】

①定公：鲁国国君，名宋，昭公之弟，继昭公而立，在位十五年。

②使：使唤、使用。

③事：侍奉。

【翻译】

鲁定公问道："君主使用臣子，臣子侍奉国君，怎么做得到呢？"孔子回答说："君主以礼对待臣子，臣子以忠诚对待国君。"

【解读】

礼义是相互对待，彼此相感而成的，绝不是单方面的要求。父慈子孝，父亲对待子女以爱心，此爱心即会自然而然感动子女要回报以孝心。同样，领导与部属之间，领导对待部属以礼义，部属自会尽心尽力，以求回报领导。当然也有例外的，君待臣以礼，臣待君以奸诈的，但是，这种情况不是常态，属于例外。

三、《墨子》

《墨子》分两部分。一部分记载墨子言行，主要反映墨家前期的思想；另一部分《经上》《经下》《经说上》《经说下》《大取》《小取》等6篇，一般称作《墨辩》或《墨经》，着重阐述墨家的认识论和逻辑思想，反映了墨家后期的思想。这一部分在逻辑史上被称为墨家后期逻辑或墨辩逻辑（古代世界三大逻辑体系之一，另两个为古希腊的逻辑体系和佛教中的因明学），其中还包含许多自然科学的内容，特别是天文学、几何学、光学和静力学。《墨子》内容广博，涉及政治、军事、哲学、伦理、逻辑、科技等方面，是研究墨子及其后学的重要史料。西晋鲁胜、乐壹都为《墨子》一书作过选文注释，可惜已经散失。如今的通行本有孙诒让的《墨子间诂》,以及《诸子集成》所收录的版本。

【作者简介】

墨子,生卒年不详,名翟,一般认为,他是战国初期宋国人,一说鲁国人,一说楚国人。墨子是宋国贵族目夷的后代,曾担任宋国大夫。他是墨家学派的创始人,也是战国时期著名的思想家、教育家、科学家、军事家。墨家在先秦时期影响很大,与儒家并称为"显学"。墨子提出了"兼爱""非攻""尚贤""尚同""天志""明鬼""非命""非乐""节葬""节用"等观点。以兼爱为核心,以节用、尚贤为支点。墨子在战国时期创立了以几何学、物理学、光学为突出成就的一整套科学理论。在百家争鸣时期,有"非儒即墨"之说。墨子死后,墨家分为相里氏之墨、相夫氏之墨、邓陵氏之墨三个学派。其弟子根据墨子的生平事迹,收集其语录,完成了《墨子》一书并传世。

【选文】

何以知其然也?曰:义者,正也。何以知义之为正也?天下有义则治①,无义则乱②,我以此知义之为正也。——《墨子·天志下》

【注释】

① 治:得到治理,稳定。

② 乱:混乱。

【翻译】

怎么知道为政是正确的呢?答曰:坚持义,就是正义,为何知道义就是正确的行为、不偏不私的正义之举呢?因为治理天下不符合"义"就混乱，符合"义"就能得到治理。由此可知正义乃治国的根本。

【解读】

正义，其发心在为百姓谋利，其结果又能使社会和谐。坚守正义是治理天下的根本，法律不合乎正义，法律就难以推行；政令不合乎正义，政令就会不得民心，不得民心之举措积累的久了，天下就要大乱。

【选文】

政者，口言之，身必行①之。——《墨子·公孟》

【注释】

①行：践行。

【翻译】

为政者，口能称道，就必须身体力行实践它。

【解读】

墨子在讲为政者要心口行一致，不能欺骗百姓。与儒家讲的言行一致，谨言慎行，一诺千金道理是一样的。

【选文】

且夫义者，政①也，无从下之政上，必从上之政下。——《墨子·天志上》

【注释】

①政：通"正"，匡正。

【翻译】

义就是正道。不是由下级匡正上级合于正道，而是先由上级匡正自己，然后使下级合于正道。

【解读】

凡事物要从根本上入手。水不清澈必从源头净化，政治不清明，必从朝廷政要抓起，上行下效，是正者政也之根本。

四、《孟子》

《孟子》是中国儒家重要的典籍，记录了战国时期思想家孟子修身治国平天下的思想政治策略，是孟子和他的弟子记录并整理而成的。南宋时，朱熹将《孟子》与《论语》《大学》《中庸》合在一起称"四书"。宋、元、明、清历代世人都把它当作家传户诵的经典。《孟子》是四书中篇幅最长的一本书，有三万五千字，一直到清末，"四书"一直是科举必考内容。

【作者简介】

孟子（公元前 372—前 289），名轲，字子舆（待考，一说字子车或于居）。战国时期邹国人。中国古代著名思想家、教育家。著有《孟子》一书。孟子继承并发扬了孔子的思想，成为仅次于孔子的一代儒家宗师，有"亚圣"之称，与孔子合称为"孔孟"。孟子幼年丧父，家庭贫困，曾受业于孔子之孙孔伋的门人。学成以后，以士的身份游说诸侯，想要推行自己的政治主张，到过齐国、宋国、滕国、魏国。当时几个大国都致力于富国强兵，争取通过暴力的手段实现统一。孟子的仁政学说被认为是"迂远而阔于事情"，没有得到实行的机会。最后退居讲学，和他的学生一起，"序《诗》《书》，述仲尼之意，作为《孟子》七篇"。

【选文】

仁，人之安宅①也；义，人之正路②也。旷安宅而弗居，舍正路而不由，哀哉！——《孟子·离娄章句上》

【注释】

① 安宅：使心安泰的住宅，安心居住之所。

② 正路：正确的道路。

【翻译】

仁是人的安身之所；义是人的正确道路。让安身之所空闲而不居住，舍弃正确的道路而不行走，悲哀呀！

【解读】

孟子主张人生要居仁由义。仁指仁爱之心，义指正当的道路。把心安放在仁上面，把符合仁心的义作为道路。也就是说把心安放在仁上，以仁心待人接物，待人接物能恰到好处就是义，义者宜也。

【选文】

非其道①，则一箪②食不可受于人；如其道③，则舜受尧之天下，不以为泰④。——《孟子·滕文公章句下》

【注释】

① 非其道：不合道义。

② 箪：盛食物的圆形竹器。

③ 如其道：符合道义。

④ 泰：过甚。

【翻译】

不合于道义，哪怕是一篮子饭也不接受别人的；合于道义，即使舜接受尧之天下，也不过分。

【解读】

道就是指道义。强调合乎道义做事是基本原则。合乎道义，即使获得天下也不为过；不合乎道义，即使是一碗饭也不能接受。孟子的道义，有正义的意思。

【选文】

古之人未尝不欲仕^①也，又恶^②不由其道。不由其道而往者，与钻穴隙^③之类^④也。——《孟子·滕文公章句下》

【注释】

① 仕：仕途，指做官。

② 恶：厌恶。

③ 钻穴隙：钻穴洞、墙缝，指偷窃等行为。

④ 类：同类。

【翻译】

古代的人未尝不想做官，讨厌不通过正道而做官。不通过正道而做官，与挖墙洞、扒门缝的人是同类。

【解读】

做官是为人民服务的，是"居仁"之举。获取官位是要义取，可称之为"由义"，这是获得官位的正确途径。如果不能"由义"，就像扒墙打洞偷窃一般，为人所不齿。这里孟子仍在强调"居仁由义"的道理，为官就是想为民服务，可以理解为"居仁"，得到官位途径之正，就是"由义"。

【选文】

富贵不能淫^①，贫贱不能移^②，威武不能屈^③，此之谓大丈夫。——《孟子·滕文公章句下》

【注释】

① 淫：放纵、放荡。

② 移：改变。

③ 屈：屈服。

【翻译】

富贵不能使他的心迷乱，贫贱不能改变他的节操，威力逼迫不能使他意志屈服，这叫大丈夫。

【解读】

孟子在讲人之志之节操，若不受处境的变化，就是大丈夫。堪称正义坚守的典范。人在处于富贵或者贫贱或者受到威胁时，作为大丈夫在面临这样的境遇时，应该不动心，一如既往地坚守自己的节操与志向。然而这样是不容易做到的，因为人在富贵时，就容易荒淫骄横；贫贱时则为了谋求生存，而降志背离操守；在受到威胁时，则容易委曲求全。所以要成为大丈夫就应该集义以养浩然之气，此浩然之气可以使人以仁而居，以义而行，从而不因富贵、贫贱、威武而降志变节。

【选文】

君仁，莫①不仁；君义，莫不义；君正，莫不正。一正君而国定②矣。——《孟子·离娄章句上》

【注释】

①莫：没有人。

②定：安定。

【翻译】

君主仁厚，下属没有不趋于仁厚的；君主信义，下属没有不趋于信义的；君主正直，下属没有不趋于正直的。国君正直则国家就会安定。

【解读】

对于一个国家，上面端正赋有德行，下面自会端正有德。上行下效，若以反面论，上有所好下必甚之，诸如齐国君好细腰之女，齐国女子为能使腰细而节食减肥，甚者有死亡的，就是一反例。君主是一国的表率，君主之行为，会影响整个国家的风气。

【选文】

好善①优于天下，而况鲁国乎？夫苟好善，则四海之内皆将轻

千里^②而来告之以善。——《孟子·告子章句下》

【注释】

① 好善：喜欢听取善言。

② 轻千里：轻，轻视，不以千里为远。

【翻译】

喜欢听取善言的话，用它治理天下会绰绰有余，何况治理鲁国呢？假如主政者喜欢听取善言，那四海之内的人就会不远千里而来告之善言。

【解读】

听取善言，与发善心，行善举，施仁政对于治理天下都十分重要。能如此举善而治天下，天下治理起来也就不难了。君主如果喜欢听取善言，四海之内的人会不远千里来相告。听取善言是实行仁政的开始。

五、《荀子》

《荀子》一书为战国末期赵国人荀况及其弟子所著，是儒家学派的重要著作。西汉刘向整理时定为 32 篇，它们大致可分为三类：一类是荀子亲手所著的，共 22 篇；一类是荀子弟子所记录的荀子言行，共 5 篇；一类是荀子及弟子所引用的材料，共 5 篇。前两类是研究荀子思想的直接材料，是《荀子》一书的主体。

【作者简介】

荀子（公元前313—前238）名况，字卿，战国末期赵国人，是我国古代思想家、教育家。曾游学于齐，当过楚国兰陵令。后来失官居家著书，死后葬于兰陵。荀子是先秦儒家最后的代表，韩非和李斯都是他的学生。他强调教育和礼法的作用，主张治理天下既要靠"法制"，又要重视教化兼用"礼"治，强调"行"对于"知"的必要性和后天学习的重要性，认为后天环境和教育可以改变人的本性。

【选文】

正利①而为谓之事②。正义③而为谓之行④。——《荀子·正名》

【注释】

①正利：为了功利。

②事：事业。

③正义：为了道义。

④行：德行。

【翻译】

出于利的目的去做的叫做事业，为道义去做的叫做德行。

【解读】

为大众的功利奋斗称为立功，以符合道德标准而作为，称为立德。立德、立言、立功在儒家看来是三不朽之业，立德为最高。立功是倾于正利而为的事业，重在外王；立言是倾于文化传承的，是建立在立功、立德基础上的载道之文；立德则是以正义为出发点与归宿的品行，重在内圣。

【选文】

不学问 ①，无正义 ②，以富利 ③ 为隆 ④，是俗人者也。——《荀子·儒效》

【注释】

① 不学问：不学习。

② 无正义：没有正义感。

③ 富利：追求财富和名利。

④ 隆：兴盛，这里指重要目标。

【翻译】

不学习，不请教古代的文献典籍，就难以达到道义目的，把求财富实利当作自己的最高目标，就是庸俗一类的人。

【解读】

中国文化认为对于物质追求仅限于温饱，温饱满足了，就应追求礼义道德人文。而不是将人生的追求一直置于对物质利益的满足上，正如荀子所说重视追求富裕的人是庸俗之人。

【选文】

凡事行 ①，有益于理 ② 者立之，无益于理者废之，夫是之谓中事 ③。凡知说 ④，有益于理者为之，无益于理者舍之，夫是之谓中说 ⑤。——《荀子·儒效》

【注释】

① 事行：事情与行为。

② 理：治国理政。

③ 中事：合理地做事。

④ 知说：知识和学说。

⑤ 中说：合理的学说。

【翻译】

凡事情与行为，有利于治国理政的就去做，不利于治国理政者就不做，这就叫做正确地处理事情。凡知识与学说，有利于治国理政的就实行它，不利于治国理政的就舍弃它，这叫做正确地对待学说。

【解读】

荀子以理为标准，认为合于理者则作为，不合于理者则不作为。学说亦是，合于理者为中说，不合于理者是邪说，应废弃。理一万殊，是说物物不同而各异，然理是通的，为政者要将此理抽出来作为治国理政的原则，合乎原则者则作为，不合乎原则者则不为。本章所重有二：一者合乎理，二是在于治国理政。

【选文】

以类①行②杂，以一③行万；始则终，终则始，若环④之无端也。舍是而天下以衰矣。天地者，生之始也；礼义者，治之始也；君子者，礼义之始也。为⑤之，贯⑥之，积重⑦之，致好之者，君子之始也。故天地生君子，君子理天地。君子者，天地之参⑧也，万物之总也，民之父母也。无君子，则天地不理，礼义无统，上无君师，下无父子，夫是之谓至乱。——《荀子·王制》

【注释】

① 类：同一类事物的法则。

②行：治理。

③一：统括一切之道，这里指礼义。

④环：圆环。

⑤为：学习、研究。

⑥贯：贯通。

⑦积重：积累增加。

⑧参：参与，配合。

【翻译】

用各类事物的法则治理各种纷繁复杂的事物，用统一的法则去治理万事万物，从始到终，周而复始，就像圆环无尽头一样。如果舍弃这一原则，天下就衰败混乱了。天地是生命的本源；礼义是天下大治的本源；君子是礼义的本源。学习它，贯通它，积累礼义知识，喜好礼义，这是君子的开始。所以天地生养君子，君子治理天地。君子是与天地所配合的，是万物的总管、人民的父母。没有君子，那么天地就不能治理，社会规范和秩序就无头绪，上无君主、师长的尊严，下无父子之间的伦理道德，这就叫极为混乱的状态。

【解读】

治理天下要用道，得道则得人心，得人心则天下治。何人得道呢？圣人、君子可以得道，圣人得道的同时，制定礼义，以推行礼义教化百姓，使百姓在遵守礼义中，按照道之精神进行，从而达至大治。

【选文】

国者，天下之制①利②用也；人主者，天下之利势也。得道以持之，则大安也，大荣也，积美之源也；不得道以持之，则大危也，大累也，有之不如无之，及其綦^③也，索为匹夫不可得也，齐湣^④、宋献^⑤是也。故人主，天下之利势也，然而不能自安也，安之者必将道也。——《荀子·王霸》

【注释】

① 制：衍文。

② 利：便利，有利。

③ 綦：极。

④ 齐湣：齐湣王，齐宣王之子，田齐政权第六任国君。公元前301年即位，在位十七年。

⑤ 宋献：宋康王，名偃，公元前329年自立为宋国国君，公元前286年，被齐湣王所灭。

【翻译】

国家，是天下最有利的工具；君主，是天下最有权势的地位。遵守道义，就可以使国家获得安定和荣耀，这是积累功德的源泉。若不能遵循道义而守，就会危机四伏，是最大的祸害，有了它不如没有它，发展到极点，想做平民百姓也不能如愿，齐湣王、宋献公就是例子。所以君主处于最有权势的地位，但是不能自行安定，要安定必须遵守道义。

【解读】

荀子认为用家文化治理天下是最好的方法。家文化中由孝而悌且男女有别，无须外部监督就可以和睦而且有秩序地劳作与生活，以此推及治国平天下，将三伦而推扩至五伦，从而天下变成一家，一家人就容易和谐。在家里，齐家者是父亲，于国者则是国君，国君是大家长，父亲是小家长，家长是人人尊敬爱戴的，所以处在最有利于治理的位置。家长得其道，则家齐；国君得其道，则国治。

【选文】

故①用国②者，义立③而王，信立而霸，权谋立而亡。三者，明主之所谨择也，仁人之所务白④也。——《荀子·王霸》

【注释】

①故：发语词。

②用国：治理国家。

③立：确立、树立。

④白：弄明白，搞清楚。

【翻译】

治理国家的人，把道义确立了，就可以凭王道统一天下；信义确立了，就可以称霸天下；仅靠权谋治理，就会灭亡。这三种情况，是英明的君主一定要谨慎选择的，讲仁德的人也务必弄明白的。

【解读】

义立而王，意思是以仁义之心对待百姓，以礼义教化百姓，所以可以推行王道。信立而霸，意思是说讲信，说到做到，就可以为天下立信，信一旦确立则赏罚分明，赏罚分明则力量强大，力量强大则无坚不摧，所以能称霸。权谋立而亡，意思是说发心未必善，行动充满欺诈，一旦欺诈被揭穿，则众叛亲离而亡。

【选文】

有齐①而无畸②，则政令不施，有少而无多，则群众不化。——《荀子·天论》

【注释】

① 齐：一致、相同。

② 畸：不齐，指等级差别。

【翻译】

只有齐同均等而没有等级差别，那么政策法令就不能贯彻实施。只认识人的情欲少的一面（寡欲），而不认识人的情欲多的一面（贪欲），那么群众就不能得到教化了。

【解读】

万物都只是"道"的一部分，某一事物也只是万物的一部分，一般人们只认识某一事物的一部分，就自以为认识了"道"，实在是无知。所以说不要凭个人的喜好、厌恶与片面的认识，而要遵循事物的本然才能逐渐全面认识把握"道"，否则岂不拖延误事！事物有相类的一面，也有相异的一面，礼义的精神在仁爱，但礼义对待不同的人是有差别的。无差别、无疏远的礼义是行不通的。如对待父母一定有别于其他人，对待兄弟同样有别于朋友，《唐律》中明确规定偷盗父亲不能称之为偷盗，关系越亲近罪责越小，这里所体现的就是亲疏不同法律条款便不同，虽不同但很合情合理。

【选文】

君者，国之隆①也；父者，家之隆也。隆一②而治，二③而乱。

自古及今，未有二隆争重而能长久者。——《荀子·致士》

【注释】

①隆：高贵、权威。

②一：一个。

③二：两个。

【翻译】

君主是国家的最高权威；父亲是家庭的最高权威。只遵从一个权威，国家则治，如果遵从二个权威，国家就分裂混乱。从古至今，不曾有过国家有二位权威在那里争权而能长久的。

【解读】

一家有一尊，则家庭顺和；一国有一主，则国家和谐安定。国家的政治体系从家文化而来，所以中国人讲修齐治平，意义正在于推扩家庭伦理于国家、于天下。国家不仅要强调有一尊，而且一尊之位还要长久，长久则可从长计划，否则一切都是权宜之计，不利于国家的长治久安，也不利于人与自然的和谐秩序。

【选文】

必先修正①其在我者然后徐②责③其在人者，威④乎刑罚。——《荀子·富国》

【注释】

①修正：纠正。

②徐：慢慢地。

③责：责备、批评。

④ 威：威力。

【翻译】

君主必先纠正自己的缺点，然后慢慢去责备别人的缺点，这样威力比刑罚还要大。

【解读】

修己安人，修身齐家，严于律己，宽以待人。行有不得反求诸己，这是作为领导者修身的基本信条。只有这样，才能使下属心服而追随，得到人民的拥戴。

【选文】

故君子之度①己则以绳，接人则用抴②。度己以绳，故足以为天下法则矣；接人用抴，故能宽容，因求以成天下之大事矣。故君子贤而能容罢③，知而能容愚，博而能容浅，粹④而能容杂，夫是之谓兼术⑤。——《荀子·非相》

【注释】

① 度：规范。

② 抴：短桨，指船。

③ 罢：通"疲"，疲弱无能。

④ 粹：精粹，指道德纯洁。

⑤ 兼术：兼容并蓄的方法。

【翻译】

所以君子律己像木工用墨线来取直一样，待人像梢公用舟船接客一样。用墨线似的准则律己，所以能使自己成为天下效法的榜样；

用舟船一样的胸怀待人，所以待人宽容，也就能成就治理天下的大业。君子贤能而能容纳无能的人，聪明而能容纳愚昧的人，博闻多识而能容纳孤陋寡闻的人，道德纯洁而容纳品行驳杂的人，这叫兼容并蓄之法。

【解读】

严以律己，宽以待人。以什么标准要求自己呢？以"仁、智、勇"要求自己。仁者，身口意皆善，事父母能竭尽全力，对待国家事业要尽忠，待人要"己所不欲勿施于人"；智者，是非之心，对待是非要有明确的判断，合于仁义者为是，不合于仁义者为非，坚守仁义；勇者，遇到仁义之事之行要勇敢，要敢于担当，不怕吃苦，不怕牺牲。何以待人呢？温、良、恭、俭、让。温者平易近人，于人无成见；良者，与人为善；恭者，诚敬心待人；俭者，待人不傲慢、不吝啬；让者，先考虑他人之利益，后考虑自己。

【选文】

君子之所谓贤者，非能遍能人之所能之谓也；君子之所谓知①者，非能遍知人之所知之谓也；君子之所谓辩②者，非能遍辩人之所辩之谓也；君子之所谓察③者，非能遍察人之所察之谓也；有所止④矣。——《荀子·儒效》

【注释】

①知：通"智"，智慧。

②辩：善辩。

③察：明察。

④止：限度。

【翻译】

君子之所以贤能，并非全部能做到别人所能做到的一切。君子的智慧，不是什么都知道；君子的善辩，不是能辩论清一切；君子的明察，并非能察明一切；君子的能力也是有限度的。

【解读】

君子有所能，有所不能。其能在自知自己有所不能，其能在于知人，在于修德尊贤而矜不能。

【选文】

主道治近①不治远②，治明③不治幽④，治一不治二。主能治近，则远者理⑤；主能治明，则幽者化⑥；主能当一，则百事正。——《荀子·王霸》

【注释】

①近：近处、身边。

②远：远方。

③明：明显、明处。

④幽：幽暗、暗处。

⑤理：得到治理。

⑥化：变化。

【翻译】

君主治理国家的方法是：治理身边的事而不治理远方的事，治理明处的事而不治理暗处的事，治理根本性的大事而不治理各类小事。君主能治理近处的事，远处的事自然也就因此得以治理；君主能治理好明处的事，暗处的事自然也就会因此而得以变化；君主能治理根本性的大事，那么各类小事就会因此而得到正确的处理。

【解读】

孔子说："近者悦，远者来。"意思正是先使你亲近的人心悦诚服，远方的人就会来归顺了。修身从自己开始，治理人也从自己亲近的人开始，所以从近处着手，近处若得以治理，就会一传十，十传百而扩充起来，从而由近及远，由己而人，由齐家而治国、平天下，这就是治近不治远。所谓治明不治暗，明指显现出来的行为，对显现出来的行为有所修正规范，即可起到告知世人应该怎样做人做事的作用，知道是非标准。从而使不正确的邪恶行为得以改正，在行为改正的同时，还会使未显现出来的或者内心处于萌芽状态的不好的念头得以纠正。至于治一不治二，是指做事要抓要领，抓要领则百事详尽。荀子说：主好要，则百事详；主好详，则百事荒。意思与此相类。

【选文】

国无礼则不正。礼之所以正国也，譬之，犹衡^①之于轻重也，犹绳墨^②之于曲直也，犹规矩之于方圆也，既错^③之而人莫之能诬也。诗云："如霜雪之将将^④，如日月之光明；为之则存，不为则亡。"此之谓也。——《荀子·王霸》

【注释】

① 衡：秤。

② 绳墨：墨线。

③ 错，通"措"，设置。

④ 将将，音 qiāng，严正肃杀的样子。

【翻译】

国家无礼制就不能治理好。礼制之所以能治国，譬如，就像秤能分辨轻重，木工的墨线能分辨曲直，也像圆规、曲尺能用来确定方圆一样，治理国家的礼法标准已经设置好了，就没有谁能搞欺骗了。诗云："像霜雪一样无情，像日月一样光明，实行它则生存，不实行它则灭亡。"说的就是这个道理啊！

【解读】

礼义是治国之本，无礼义则无是非，无是非则无正确的价值观与理想，无是非、无正确的价值观与理想，则思想混乱、行为荒诞不经，邪说、邪念、邪恶之行将充满社会，于是人心乱，小人之道日长，君子之道日消！

【选文】

既能治近，又务治远；既能治明，又务见幽；既能当一，又务正百：是过者也，犹不及也，辟①之，是犹立直木而求其景②之枉也。不能治近，又务治远；不能察明，又务见幽；不能当一，又务正百：是悖者也，辟之，是犹立枉木而求其景之直也。——《荀子·王霸》

【注释】

① 辟：通"譬"，假如。

② 景（yǐng）：古"影"字。

【翻译】

既能治理近处的事情，又能治理远处的事情；既能治理明处的事，又能明察暗处的事情；既能治理根本之事，又能处理好各类小事：这是过火的做法，就跟做得不够一样，都是不好的。比如树立直木而要求影子弯曲一样。不能治理近处，而力求治理远处；不能明察明处，却力求见暗处；不能处理根本性的问题，却力求处理各类小事，这是违背事理的做法，就像是树立一根弯曲的木头却要求它的影子笔直一样。

【解读】

治理国家分为三种情况。能治理近处，又能治理远处，能兼治明与暗者，能兼顾本末者，为一等治国水平。然而能兼顾且恰当者，是很少有人达到的。

能治近不治远，治明不治幽，治一而不治百者，为普世之治道，很多人经过努力，是可以达到的，这是治国的第二种情况。

不能治理近处，而求治远；不能治理明处，却求治理幽暗；不能治本，却在细枝末节上下功夫，是乱国之道。这是最坏的一种情况。

【选文】

故明主好要①，而暗主好详②。主好要，则百事详；主好详，则百事荒。——《荀子·王霸》

【注释】

① 要：简要、要领。

②详：周详、详尽。

【翻译】

明君喜好抓要领，而昏君喜好详尽，样样都管。领导喜好抓要领，则百事都能详尽的治理；领导喜好事无巨细地管理，反而百事都会被荒废。

【解读】

荀子在这里对比了明主与暗主领导方法的区别。明主抓要领，暗主抓细节。何为要领，确立战略方向是要领，重用人才是要领，赏罚分明是要领，拾遗补缺也有必要。细节，指具体细节，尚不重要的，应交予下属依据组织岗位进行即可，常规之事，依律而行，可不予费心力。非常之事，予以专门处理。

【选文】

上莫不致爱①其下，而制②之以礼③；上之于下，如保赤子④。——《荀子·王霸》

【注释】

①爱：爱护、保护。

②制：限制、管制。

③礼：礼节、礼制。

④赤子：像婴儿一样。

【翻译】

君主没有不以爱护百姓为其根本的，所以制定礼法治理百姓，像对待婴儿一样保护百姓。

【解读】

爱护百姓之心，是执政者的根本，而制定礼法则是爱护百姓的有效途径。前者是仁，后者为礼，仁礼合一，才能取得成效，所以礼法是以仁爱为根本精神的。

【选文】

故不教①而诛②，则刑繁而邪不胜；教而不诛，则奸民不惩；诛而不赏，则勤励③之民不劝④；诛赏而不类⑤，则下疑、俗俭⑥而百姓不一。故先王明礼义以壹之；致忠信以爱之；尚贤使能以次之；爵服庆赏以申重⑦之；时其事、轻其任以调齐⑧之；潢⑨然兼覆⑩之，养⑪长之，如保赤子。——《荀子·富国》

【注释】

① 教：教育。

② 诛：惩罚、刑罚。

③ 勤励：勤奋、勤勉。

④ 劝：鼓励。

⑤ 类：法，法律。

⑥ 俗俭：俭，通"险"，习俗险恶，指侥幸免责，苟且求赏。

⑦ 申重：申，一再告诫；重，反复强调。

⑧ 调齐：调整，使之协调。

⑨ 潢：通"滉"，流水涌来，这里指君主恩泽。

⑩ 覆：庇护。

⑪ 养：抚养。

【翻译】

不经教育而惩罚，即使刑罚用的太多，而邪恶仍然不止；教育而不惩罚，邪恶的人就不会吸取教训；只惩罚而不实行奖赏，勤奋的人就不会受到鼓励；惩罚奖赏如果不符合法律，民众就会疑虑，社会风气就会险恶，百姓行动也会不一致。所以圣王彰显礼义制度统一民众的言行；尽力做到忠信来爱护民众；尊崇贤人，任用能人；用爵位、服饰、表扬、赏赐反复激励他们；根据时节安排任务，减轻他们的负担来调剂；庇护他们、抚养他们，像爱护婴儿一样保护他们。

【解读】

要治国平天下，首先要有爱民之心，要像慈父爱护赤子一般爱民。爱民之心有了，还要推行教化，让人民知道什么为是，什么为非，干什么是会被惩罚的，干什么是会受到奖励的。总之要将教化与礼义、赏罚结合起来，而且还要择贤任贤实施。

【选文】

必将修礼以齐朝，正法以齐官，平政以齐民，然后节奏①齐于朝，百事齐于官，众庶齐于下。如是，则近者竞亲，远方致愿；上下一心，三军同力；名声足以暴炙②之，威强足以捶笞之；拱揖③指挥，而强暴之国莫不趋使；譬之，是犹乌获④与焦侥⑤搏也。故曰："事强暴之国难，使强暴之国事我易。"此之谓也。——《荀子·富国》

【注释】

①节奏：礼仪方面的具体法度。

②暴炙：暴，通"曝"。暴炙，日晒火烤，指声名显赫可以威慑别人。

③拱揖：两手作揖状，指容易操作。

④乌获：秦国的大力士，能举千钧。

⑤焦侥：传说中的矮子，身高三尺。

【翻译】

必须要修订礼制整治朝廷，端正法制整治百官，公正处理政事整治民众，从而使礼义制度在朝廷得以严格地执行。各种事情在官府中治理得有条不紊，群众在下面齐心合力。如此，邻近的国家就会争先恐后地来亲近，远方的国家也会表示仰慕之情；国内上下团结一心，三军共同努力；名声足以威慑天下，威力足以镇服他国；从容指挥，强暴的国家没有不奔走前来受趋使的；就好像大力士乌获与小矮子焦侥搏斗一样。所以说："采取侍奉强暴之国的办法来保住自己是困难的，采取使强暴之国侍奉我的办法是容易保住自己的。"说的就是这意思。

【解读】

民众安居乐业、团结一致，军队一心，士大夫爱民守礼，为君者知耻明达，知人善任，上下团结如一人。这样，何敌不可摧毁？何国还敢小觑？所以国虽小而能保卫自己。治国者必须构建一个"致人而不致于人"的战略目标，始终保持主动性。

【选文】

能以事亲谓之孝，能以事兄谓之弟，能以事上谓之顺，能以使下谓之君。君者，善群①也。群道当，则万物皆得其宜，六畜②皆

得其长③，群生皆得其命。故养长时，则六畜育；杀生时，则草木殖④；政令时，则百姓一，贤良服。——《荀子·王制》

【注释】

① 群：动词，使之为群，指把人组织成群。

② 六畜：牛、马、羊、鸡、猪、狗。

③ 长（zhǎng）：抚养。

④ 殖：繁殖。

【翻译】

能以礼义侍奉父母者叫孝，能以礼义侍奉兄长者叫悌，能以礼义事奉上级者叫顺，能以礼义役使臣民者叫君主。所谓君主就是善于团结组织众人者。团结组织方法得当，万物就会各得其所，六畜能得以正常生育，一切生物得以应有的生命。所谓饲养得时，六畜就生长旺盛；砍伐得时，草木就繁茂；政令得时恰当，百姓就能统一，贤才就会被归服使用。

【解读】

礼义是天地与社会的准则。治国者必须以礼义为准则待人处事，安排生产与生活。

【选文】

人主不公①，人臣不忠也。人主则外②贤而偏③举，人臣则争职而妒贤，是其所以不合之故也。——《荀子·王霸》

【注释】

① 公：公平、公正。

② 外：排斥。

③ 偏：偏心。

【翻译】

人君用人不公正，臣下对上就不忠诚。人君排斥贤能而偏私提拔人，臣子就私下争夺，而且嫉妒贤能的人，这就是他们不能合作团结的缘故。

【解读】

作为领导必须有公心，坚守公正。对于人才绝不可生嫉妒心，对事情则要处理公正而不偏私。唯此，则可吸引贤才，得到拥护。

【选文】

凡言不合先王、不顺礼义，谓之奸言，虽辩①，君子不听。法先王，顺礼义，党②学者，然而不好言，不乐言，则必非诚士也。故君子之于言也，志好之，行安之，乐言之。故君子必辩③。凡人莫不好言其所善，而君子为甚。故赠人以言，重于金石珠玉；观人以言，美于黼黻④文章；听人以言，乐于钟鼓琴瑟。故君子之于言无厌。——《荀子·非相》

【注释】

① 辩：说得动听，说得有理。

② 党：以……为同党。

③ 辩：辩论、辩明。

④ 黼黻：礼服上所绣的华美花纹。

【翻译】

凡所说的话不符合古代圣王的道德原则、不遵循礼义的，就叫邪说。即使动听有理，君子也不要听。效法古代圣王，遵循礼义，亲近有学识的人，但是不喜欢谈论古代圣王，不乐意宣传礼义，那也一定不是真诚的学士。君子对于正确的学说，心里喜欢，行为上遵守，还乐意宣传，所以君子一定要能言善辩。凡人没有不喜好谈论自己认为是崇尚好的东西的，而君子更加是这样。所以君子把善言赠送给别人，比赠送金石珠玉还要贵重；把善言让人看，比观看礼服上的彩色花纹还要华美；把善言让人听，比听钟鼓琴瑟还要快乐。所以君子对于宣传善言永不厌倦。

【解读】

作为君子，不仅要效法圣王之道德文章，还要遵循礼义，亲近圣贤，更重要的还在于宣传它，使圣王之道德礼义传承下来，影响后代子孙。如果遇到与圣王道德礼义相违逆的言论，还要与其辩论，使其不要对社会发挥负面的影响。所以作为君子只做不说，不与邪恶之说相辩斗，是不足以成为君子的。

【选文】

谈说之术：矜庄①以莅②之，端诚以处③之，坚强以持之，譬称以喻之，分别以明之，欣欢、芬香④以送之，宝之、珍之、贵之、神之。——《荀子·非相》

【注释】

①矜庄：严肃庄重的态度。

② 莅：走到近处察看。

③ 处：相处、对待。

④ 芬香：芳香，指和气。

【翻译】

谈话劝说的方法：以严肃庄重的态度对待他，以端正诚实之心与人相处，以坚定刚强的信念帮助他，用比喻的方法使之通晓明白，用条分缕析的方法予以说明，热情欢悦地传送宣扬，从而使别人更加宝贵、珍惜、重视而崇信自己所表达的思想。

【解读】

谈说的方法要领在于以认真的态度对待，以诚实的心对待，以坚强的意志影响，以恰当的比喻说服，以鞭辟入里的方法分析，还要以欢快的热烈的激情感染才能使人心服口服地接受。

【选文】

是以小人辩，言险①；而君子辩，言仁也。言而非仁之中也，则其言不若其默②也，其辩不若其呐③也；言而仁之中也，则好言者上矣，不好言者下也。故仁言大矣。——《荀子·非相》

【注释】

① 险：险恶。

② 默：沉默。

③ 呐：同"讷"，言语迟钝，不善于说话。

【翻译】

小人能说会道，包含险恶的用心；而君子能说会道，是宣扬仁爱之道。说话若不合乎仁爱之道，还不如沉默不语，还不如笨嘴拙舌；说话若合于仁爱之道，那么喜好说话者即为上等，不好说者就是下等。所以合于仁爱之道的言论很重要。

【解读】

言论之要在于是否合于仁义之道。合乎仁义之道的言论，则多说；不合乎仁义之道的言论则少说，或沉默不语。喜欢谈论仁爱之道的人是高尚的人，不喜欢谈论仁爱之道的人则是卑贱之人，所以说合于仁爱之道的言论意义重大。

【选文】

有小人之辩者，有士君子之辩者，有圣人之辩者。不先虑，不早谋，发之而当，成文①而类，居错②、迁徙③，应变不穷，是圣人之辩者也；先虑之，早谋之，斯须之言而足听，文而致实④，博而党⑤正，是士君子之辩者也。听其言则辞辩而无统，用其身则多诈而无功；上不足以顺明王，下不足以和齐百姓；然而口舌之均噡⑥唯⑦则节⑧，足以为奇伟、偃却⑨之属；夫是之谓奸人之雄。——《荀子·非相》

【注释】

①成文：成，通"盛"，富有文采。

②居错：通"举措"，指采取措施，准备措辞。

③迁徙：变动。

④致实：细密、细致。

⑤党：通"谠"，指正直的话。

⑥噡：同"詹"，指多言。

⑦ 唯：唯诺，指少言。

⑧ 节：有节制、适度。

⑨ 偓却：同"偓促"，引申为出众。

【翻译】

有小人式的辩说，有君子式的辩说，有圣人式的辩说。不预先考虑，不早作谋划，若发言就得当，而且富有文采，又合于礼法，措辞和改换话题，都能随机应变而不会穷于应答，这是圣人式的辩说。预先考虑好，早些谋划好，片刻的发言也值得听，既有文采，又细密实在，既渊博又公正，这是君子式的辩说。说话夸夸其谈而不成系统，做事多诈而无功效，上不能顺从君主，下不能和谐百姓，说话巧舌如簧，似乎调节得宜，却可以归于自大、高傲出众那一类人中去，这类人可以靠口才而自夸自傲，是奸人中之奸雄。

【解读】

有三类辩说，最高者为圣人之辩说。圣人之辩，不思而得，言简意赅，既合于道德，又不失认真的态度，合于礼义，富有文采，随机而应。中间一类的辩说，即士君子一类的辩说，辩说前有准备，鞭辟入里，细致周到，渊博公正，富有文采。奸邪之说，则动听不实，无公正可言，类于乡愿，巧言令色、巧舌如簧，是奸人当中最奸的。

【选文】

兼服天下之心：高上尊贵不以骄①人，聪明圣知不以穷②人，齐给速通③不争先④人，刚毅勇敢不以伤人。——《荀子·非十二子》

【注释】

① 骄：傲视、傲慢。

② 穷：使人难堪。

③ 齐给速通：才思敏捷、迅速领悟。

④ 先：抢先逞能。

【翻译】

要使天下人心悦诚服的方法是：地位高贵而不傲视人，聪明大智却不使人难堪，口才流利反应敏锐却不与人争先，坚强勇猛而不伤害人。

【解读】

荀子主张做人要恰到好处。泰而不骄，高贵而不让人有傲慢的感觉；虽有智慧能言善辩，但不会使人难堪；虽勇猛果敢，但不使人有伤害之感。

【选文】

好恶以节①，喜怒以当②；以为下则顺，以为上则明。——《荀子·礼论》

【注释】

① 节：节制。

② 当：恰当、恰如其分。

【翻译】

节制个人的嗜好与厌恶，控制情绪，做到恰当。如此，处于下级就是顺理之人，居上位就是明智的领导。

【解读】

要学会节制，正如孔子所言："以约失之者鲜矣。"作为上级要节制奢侈与骄傲；作为下级，则应该不放纵自己，尽心尽力，忠信有加。这是由于礼的作用，所以要加强礼义的教育，这是治理社会最有效途径。

六、《吕氏春秋》

《吕氏春秋》，又称《吕览》，是在战国末期秦国相邦吕不韦主持下，集合门客编撰的一部杂家代表著作。全书共分26卷，160篇，20余万字。此书以儒家学说为主干，以道家理论为基础，兼及名、法、墨、农、兵、阴阳家思想学说，熔诸子百家学说为一炉，形成一套完整的国家治理学说，为当时秦国统一天下提供思想武器。

【作者简介】

吕不韦（约公元前292—前235），战国末年卫国濮阳（今河南省濮阳市西南）人。知名商人，杰出的政治家、思想家，官至秦国丞相。公元前249年，吕不韦被封为相邦，封文信侯，食邑蓝田十二县及洛阳十万户，前246年秦王政即位，尊其为仲父。门下有食客三千人，家僮万人。

吕不韦主持编纂《吕氏春秋》。汇合各派学说，被称为杂家。书成之日，悬于国门，声称能改动一字者赏千金，此为"一字千金"

之由来。执政时曾攻取周、赵、卫的土地，立三川、太原、东郡，对秦王政兼并六国的事业有重大贡献。

【选文】

故智而用私，不若愚而用公。日醉而饰[①]服[②]，私利而立公，贪戾[③]而求王[④]，舜弗能为。——《吕氏春秋·贵公》

【注释】

①饰：通“饬”，整顿。

②服：丧服制度，这里引申为法纪。

③戾：贪暴，残暴。

④王：成就王道。

【翻译】

聪明而用在自私上，不如愚昧而用心在为公上。天天醉醺醺却要整饬法纪，自私自利却要树立公正，贪婪残暴却想成就王道，即使舜也办不到。

【解读】

以“智者用私不若愚而用公”来说明中国为什么要建立以家庭组织为基本模式的家国体系，从而树立修齐治平的理想。齐家而治国，齐家所依靠者在于父亲，虽然父亲未必个个都贤能，然而父亲一定会对家庭与子女付出最大的爱心。以家庭伦理推及国家，国君如同一国之君父，对国家拥有绝对的控制权与管理权，不仅任期不受限制，对接班人的选拔也根据自己的考察情况决定启用与否。虽然所选之人未必贤能，但用心一定是全心全意的。

【选文】

伯禽^①将行，请所以治^②鲁。周公^③曰："利^④而勿利^⑤也。"——《吕氏春秋·贵公》

【注释】

①伯禽：周公之子，周公留在东都洛阳辅佐周成王，周成王封伯禽于鲁，伯禽就成为鲁国的始祖。

②治：治理。

③周公：姬姓，名旦，周武王的弟弟，辅佐周武王灭商，建立周王朝，后来又辅佐周成王。

④利：动词，施加恩惠。

⑤利：动词，谋取私利。

【翻译】

伯禽将要上任，请教周公如何治理鲁国。周公说："施利给百姓而不要谋私利于百姓。"

【解读】

治国之根本在安民，安民之要在惠民。以人民利益为重而非以满足自己的私利为重。

【选文】

观人主也，其朝臣多贤，左右^①多忠，主有失，皆交争证谏^②，如此者，国日安，主日尊，天下^③日服，此所谓吉主也。——《吕氏春秋·贵当》

【注释】

① 左右：身边的人。

② 证谏：进谏。

③ 天下：天下的人，指百姓。

【翻译】

观察君主，如果朝臣多为贤臣，身边的人多为忠臣，君主一旦有过失都争相进谏，这样的话，国家就日益安定，国君也日益尊贵，天下人日益敬服。这就是所谓的吉主。

【解读】

国君周围贤者多、忠臣多，一旦国君有失误，人人争相进谏国君，以纠正之。相反，若国君周围多佞臣、谀臣，则国君之失误将成为群臣阿谀奉承的对象，如皇帝的新衣一般。因此，近贤臣，远小人，择贤纳谏，应该是明君基本的要求。

【选文】

今夫射者仪①毫②而失墙③，画者仪发而易貌④，言审⑤本也。本⑥不审，虽尧舜不能以治。——《吕氏春秋·处方》

【注释】

① 仪：观察。

② 毫：毫毛，比喻细微之物。

③ 失墙：看不见墙壁。

④ 易貌：忽略容貌。

⑤ 审：审察。

⑥本：根本。

【翻译】

如今射箭者仔细观察毫毛就会看不见墙壁；画像者仔细观察毛发就会忽略容貌。这是在说观察事物要抓根本，根本不清，虽尧舜也不能治理天下。

【解读】

凡治国理政都要抓要领，抓根本，抓大局，否则只见树木不见森林，只有微观，没有宏观，没有全局与整体意识，就会因小而失大，得不偿失，事业就不会成功。

【选文】

家无怒①笞②，则竖子③、婴儿之有过也立见④；国无刑罚，则百姓之相侵也立见。——《吕氏春秋·荡兵》

【注释】

①怒：斥责。

②笞：用鞭子抽打。

③竖子：僮仆。

④见：通"现"，显现。

【翻译】

家中若无威严的家法，包括责打，僮仆、小儿犯过错的事就会马上发生；国家若无刑罚，百姓互相侵夺的事就会立刻出现。

【解读】

刑法不可废弃。虽然以礼为主，但刑法不可忽视。刑法若被忽视，奸邪之徒就不能得到惩罚，邪恶之风就会滋长，从而小人之道长，君子之道消。

七、《淮南子》

《淮南子》又名《淮南鸿烈》《刘安子》，是西汉初淮南王刘安组织门客集体编写的一部哲学著作。这部书以道家思想为主，同时糅合了阴阳、名、法和一部分儒家思想，所以属于"杂家"思想。全书共有内 21 篇、外 33 篇。内篇论"道"，外篇杂说，外 33 篇已佚，现在只流传内 21 篇。"道"是《淮南子》哲学思想中最基本和最高的概念，是万物的原始状态，也是事物运动的规律。《淮南子》在政治思想上批判了先秦道家的消极无为思想，提出了无为而无不为的政治思想，治理国家要根据人民的性情，施政之要在于去掉浮华，达到虚静，从而符合于道。

【作者简介】

刘安（约公元前 180—前 123），是淮南厉王刘长之子，西汉知名的思想家、文学家。刘安才思敏捷，喜好读书，擅长文辞，乐于鼓琴，兴趣爱好广泛，曾招致宾客方术之士数千人，组织编写《淮南子》，可见在当时具有一定的影响力。奉汉武帝之命所著的《离骚传》，是最早对屈原及其《离骚》作高度评价的著作。《汉书·艺文志》将《淮南子》列入杂家著作，后因谋反事发自杀，受株连者达数千人。

【选文】

君执^①一^②则治，无常则乱。——《淮南子·诠言》

【注释】

① 执：执行、坚守。

② 一：指道，一贯的原则等。

【翻译】

国君坚守道国家就得以治理，失道则混乱。

【解读】

老子说："道法自然"，道即自然而然。本然之规律。遵循道一本然之规律，则无往而不胜，这就是根本。失道即不按本然之规律，当然会出现混乱，归于失败。执一，也有执本、尚本的意思。执一而治，就是治国要抓住根本，根本就是道。根本抓住了，则纲举目张。失道即失掉了根本。当然"执一"，还有"一以贯之"的意思，还有"治大国若烹小鲜"的意思，不随意改变，不朝令夕改，否则会使部下无所适从。

【选文】

故任一人之能，不足以治三亩之宅也；循^①道理之数^②，因天地之自然，则六合不足均^③也。——《淮南子·原道训》

【注释】

① 循：遵循。

② 道理之数：大道的规律，客观的规律。

③ 均：平。

【翻译】

所以只依靠一人的能力，不足以治理好三亩大的宅子；而遵循客观道理，依照大自然的变化规律行事，就是整个天下也能治理太平。

【解读】

无为而治是道家的思想。无为是指在上位者要抓要领，顺其自然懂得天地的运行规律，重用贤者，使贤者充分发挥才干，从而社会国家如天地万物一般，各得其所，达至大治。

【选文】

由此观之，则人知①之于物也，浅②矣；而欲以偏照海内，存③万方，不因④道之数，而专己之能，则其穷⑤不达矣。——《淮南子·主术训》

【注释】

① 知：知道、了解。

② 浅：肤浅。

③ 存：存恤、保全。

④ 因：遵循、因循。

⑤ 穷：步入穷途。

【翻译】

从这里可以看出人们对于事物的了解是肤浅的，依靠它来普照海内，保全四方，不遵循治国之道的客观规律，而只靠自己的能力来专断行事，照这样执政下去将会受到阻塞而不能通达。

【解读】

人类对于事物的认识是肤浅的。然而人类之危险正在于人类自以为是，以片面静态的研究成果改造自然，因此使人类走向了一条与自然冲突的道路，自然既毁，附属于自然之皮的毛，还能持久吗？

【选文】

是故舆马①不调，王良②不能以取道；君臣不和，唐虞不能以为治。——《淮南子·主术训》

【注释】

①舆马：车马。

②王良：春秋时期晋国善于御马者。

③调：协调。

【翻译】

如果车子与马不协调，即使王良一类的御车能手，也无法取道千里。如果君主与臣下不和睦，即使唐尧、虞舜那样的圣主也不能把国家治理好。

【解读】

上下不和谐，国家岂能治理？君臣不一致，力量互相抵消，怎么能使国家进入正常轨道呢？

【选文】

矩不正，不可以为方；规不正，不可以为圆。身者事之规矩也，未闻枉己而能正人者也。——《淮南子·诠言训》

【翻译】

矩不正不可以画出方形，规不端就不能画出圆形。自身就是行事的规矩，未听说自己不正派而能端正别人的。

【解读】

作为领导一定要修正自己，修身以德，而后才可能要求别人。政者，正也。

【选文】

圣人不求誉，不辟诽，正身①直行②，众③邪④自息。——《淮南子·缪称训》

【注释】

①正身：为人纯正。

②直行：行动正直。

③众：众多。

④邪：邪恶。

【翻译】

圣人不求取赞誉，不回避指责，自身端正，行事正直，各种歪风邪气就会自行平息了。

【解读】

对付邪恶的最好办法就是正己，己正则众邪不侵。

【选文】

是以上多故①则下多诈②，上多事③则下多态④，上烦扰则下不定，上多求则下交争⑤。不直之于本，而事之于末，譬犹扬堁⑥

而弭^⑦尘、抱薪以救火也。——《淮南子·主术训》

【注释】

①故：巧伪，计谋。

②诈：奸诈。

③事：事情。

④态：事态、事端。

⑤交争：纷争。

⑥埃：尘土，尘埃。

⑦弭：消除。

【翻译】

上面多巧诈，下面就多欺骗；上面多嗜欲之事，下面就会多巧饰；上面烦扰多，下面就不安定；上面贪心多，下面就相互争夺。不在根本使其正道，而在末节上着力，犹如在前面扬灰，在后面除尘，或者像抱柴救火一样。

【解读】

凡事要抓本。在上下之关系方面，上为本，上使下以礼，下事上以忠；上有贪心，下必腐败；上好多事，下必扰民。上梁不正下梁歪。

【选文】

故位愈尊而身愈佚^①，身愈大而事愈少。譬如张琴^②，小弦虽急，大弦必缓。——《淮南子·诠言训》

【注释】

① 佚：同"逸"，安乐、安逸。

② 张琴：给琴上弦。

【翻译】

因此地位愈高而身心愈安逸，官职越大的人，直接去做的事情就愈少。好比给琴上弦，小弦可以紧一些，大弦必须松缓。

【解读】

在上者要无为，在下者则有为。在君者安逸，在臣者则辛劳，君逸臣劳，则百事不荒废。

【选文】

食①者民之本也，民者②国之本也，国者③君之本也。——《淮南子·主术训》

【注释】

① 食者：粮食。

② 民者：人民。

③ 国者：国家。

【翻译】

粮食是人民的根本，人民是国家的根本，国家是君主的根本。

【解读】

粮食生产是治国的根本。无粮食生产则人民饥寒交迫，游荡好闲，也很难培养出向内求的思维习惯，更不能培养出勤劳、与人为善的美德。总之，天人合一的农耕生产是安天下的根本。

【选文】

夫言出于口者，不可止于人；行发于迩^①者，不可禁于远。——《淮南子·人间训》

【注释】

①迩：身边、近处。

【翻译】

言论是从自己嘴里说出的，不能对别人加以禁止；行为是从身边发生的，不能在远处禁止它。

【解读】

修身方法的要紧处在于谨言慎行。言语不谨慎，就会酿成诸如泄密、生是非等祸患；行为不谨慎，就有可能引来杀身之祸等。自己不谨言慎行却要求别人谨言慎行，则如缘木求鱼。

【选文】

乱世之法，高为量^①而罪^②不及，重为任^③而罚不胜，危为禁^④而诛不敢。民困于三责^⑤，则饰智而诈上，犯邪而干免^⑥，故虽峭法严刑，不能禁其奸。何者？力不足^⑦也。——《淮南子·齐俗训》

【注释】

①高为量：过高的标准。

②罪：治罪。

③重为任：过重的任务。

④危为禁：过于危险的事情。

⑤三责：上述三种责罚。

⑥干免：求得豁免。

⑦力不足：力不从心。

【翻译】

乱世的法律，把过高的尺度作为标准，达不到就治罪；把过重的担子压在身上，不胜任就惩罚；把过于危险的事情作为考验人的标准，诛杀不敢从事困难工作的人。百姓被这三条责罚难住了，就会弄虚作假，欺骗上级，运用邪术而求得豁免，因此虽有严刑峻法，也不能禁止他们的奸伪行径。什么原因呢？标准太高，力不从心。

【解读】

标准太高而定为普通人的行为准则，是难以实行的。禁止人人都会犯的错误，禁令同样难以推行。因此，鼓励人的规定，标准要定得低一些，使百分之九十五以上的人都乐于追求。禁止的条款，要定得高一点，使被惩罚者人数极少，否则法不责众。正如韩非子所言："立可为之赏，设可避之罚。"

「正义」故事

智退齐师的展喜

鲁僖公二十六年（前634），齐孝公率军攻打鲁国。当时齐强鲁弱，鲁国又适逢发生饥荒，根本无力抵挡，形势十分危急。鲁僖公和大臣商议后，决定派展喜到前线去，慰劳齐军，和齐国进行外交交涉。

展喜做了一番准备，快马加鞭赶到边境，看到齐国大军还没进入鲁国国境，就连忙出境迎上去，拜见齐孝公，不卑不亢地说："寡君听说您亲自出动大驾，屈尊光临敝邑，就派我来犒劳您左右的人。"

齐孝公很是傲慢地说："鲁国人害怕了吗？"

展喜从容不迫，回答道："小人害怕，君子则不怕。"

齐孝公说："你们鲁国就是个穷国，听说国库都空虚了，田地里连青草都没有，一无所有，这就要打仗了，你们凭什么不害怕？"

展喜说："我们依靠先王的命令。从前周公、太公辅佐周室，协助成王。成王赐给他们盟约说：'子孙世世代代，不要互相侵害。'这个盟约藏在盟府里，由太史掌管。桓公因此多次会盟诸侯，匡正天下，解决诸侯国之间的冲突，当各诸侯国遭受夷狄侵犯时就去救援，哪个诸侯国冒犯周天子时就去讨伐，这是桓公作为盟主所承担的职责。您继承大位后，各诸侯国都寄予厚望，说您一定会继承桓公的功业，遵守盟约，担当起盟主的职责。有您这么勇于担当的君主，我们鲁国作为一个小国，不需要担心遭到戎狄的侵袭，也不需要担心其他诸侯国进犯，所以就不需要修筑城池，缮治甲兵，做好打仗的准备。现在您屈尊光临鲁国，我们国家的君子都说：'难道他即位九年，就丢弃王命，废掉职责，他怎么向先君交代？他一定不会这样做的。'因此我们国家的君子都不害怕。"

齐孝公默然，于是收兵回国。

【点评】

齐国背信弃义侵犯鲁国，鲁国派展喜名为犒劳齐军，实为警告齐王，鲁国已做好了迎击齐军的战争准备。同时委婉的谴责齐王背弃两国先王签定的世代相好的盟约。展喜抢在齐军未攻打鲁国之前进行"犒劳"，速度之快已经对齐军形成震慑。展喜在与齐人的对话中，不卑不亢，从容应对，柔中不乏刚强。同时晓之以义，诱之以利。告诉齐孝公，自从立国开始，先王就定立了齐鲁两国世代相好、互不侵犯的条款，作为子孙后代应遵守之；还寄希望于齐孝公能继承桓公之霸业，尊王攘夷，若能此，我鲁国将积极拥护齐孝公担任盟主，以成就齐国之王霸事业。齐王在正义面前，在盘算了利害得失之后，只好撤兵。

仁义礼智信的季札

季札（前576—前484），姬姓，寿氏，名札。被封于延陵（今江苏省常州市），所以又被称为延陵季子。季札是与孔子齐名的圣人，被称为"南方第一圣人"，与孔子并称为"南季北孔"。季札有什么样的魅力让后人一再膜拜呢？我们从让国、挂剑这两个小故事说起。

春秋时期，吴王寿梦有四个儿子：长子诸樊、次子馀祭、三子馀眜、四子季札。寿梦特别喜欢小儿子季札，因为季札品德贤良、才能出众，就一心想把王位传给季札，但当时是嫡长子继承制度，理应由大儿子诸樊继位。诸樊了解父亲的心意，也很佩服弟弟季札的品德，毫无怨言，愿意让位。但是季札坚决不同意，认为这有悖于周礼。寿梦临终前写下遗书，改嫡长子继承制为兄终弟及制，让他们兄弟四人相继继承。寿梦去世后，诸樊即位，给父亲办过丧事后就让位于季札。季札对诸樊说，曹国人想立子臧来取代德行不良的曹王，但子臧坚守节义，拒绝了国人，并离开曹国到了宋国。我没有什么可追求的，子臧就是我要追求学习的圣贤。吴国人听说季札一再让位，更为感动，一心想拥戴季札为王。季札无奈，只好退隐于山水之间，以表明他的志向。

诸樊临终前，把王位传给二弟馀祭，用"以兄传弟"这种方式，最后让季札继承王位，实现父亲的遗愿。馀祭临终前，又把王位传给三弟馀眜。馀眜临终前，要把王位传给四弟季札。但季札还是坚决不继承王位，他说："父亲去世前，我就说过不会继承王位的，荣华富贵只不过像秋风过耳罢了。"然后逃到自己的封地延陵。吴人只好推馀眜的儿子州于继位为王，号称吴王僚。诸樊的儿子公子光认为自己应该继承王位，于是心怀异志，笼络从楚国逃到吴国的伍子胥。伍子胥向公子光推荐刺客专诸，经过谋划，公子光派专诸刺杀了吴王僚，自立为吴王，是为吴王阖闾。

季札听说吴王僚被刺杀后，也知道公子光羽翼渐丰，为了不引起新的动乱，他来到都城，对公子光说："苟先君无废祀，民人无废主，社稷有奉，乃吾君也。吾敢谁怨乎？哀死事生，以待天命。非我生乱，立者从之，先人之道也。"意思是，只要不废止对先君的祭祀，人民不至于没有国君，社稷之神得到奉祀，那就是我的国君。我没有什么怨言。哀悼死去的人，侍奉活着的人，听从天命。即位以后就服从他，这是先人立下的规矩。然后季札到吴王僚的墓前，大哭一场，离开都城。

季札从卫国往晋国时，准备在孙林父的采邑下榻过夜，突然听到钟鼓之乐声，季札知道是孙林父在敲钟奏乐，就感慨道："找听说'机辩狡诈而没有德行，必然会遭到杀戮。'害怕都唯恐不及，还敢寻欢作乐而找麻烦呢！这个人现在的处境就像燕在帐幕下筑巢。如今又置国君停棺尚未下葬之日，怎么能寻欢作乐呢！"于是，离开了孙林父的采邑戚地。孙林父听到季札的警告后，终身不听琴瑟。此事后被孔子赞美，说："季子能以义正人，文子能克己服义。"季札很有政治远见，在出使齐国时，劝晏平仲献出封邑，以免日后有累。到郑国时，看到郑国国君奢侈成习，便对子产说："国难临头，需子出而掌握政事"。到晋国时，预先告知叔向："韩宣子、赵文子、魏献子三分晋国，势在必然。"这些事后来一一应验。

季札是一个忠实于自己内心的诚信君子。他离开吴国出使中原时，向北去晋国，途经徐国这个小国。季札拜访徐国国君，两人交谈得甚是愉快。徐国国君一边说话，一边盯着季札佩带的宝剑看。季札明白徐国国君喜欢自己的佩剑，因为自己还要出使中原各国，在当时士大夫佩戴宝剑既是身份的象征，也是一种必备的礼仪，因此就没有把宝剑献给徐国国君。季札出使中原回来，又经过徐国，听说徐国国君已死，不禁大为遗憾，解下佩剑，挂在了徐国国君坟墓旁的树木上。随从人员很疑惑，问道："徐君已死，这宝剑还能给谁呢！"季札说："不然。始吾心已许之，岂以死背吾心哉！"意思是说，当初我内心已答应了他，怎能因为徐国国君已死，我就违背我自己的心愿呢！

太史公司马迁对延陵季子的评价，应该是后世许多人的心声。他说延陵季子以仁待人，向慕道义，见微知著，辨别清浊，是一个见多识广、博学多知的君子。

【点评】

季札四次让国君之位，其目的在于维系嫡长子继承制，同时使谦让的美德得以发扬光大。

季札在得知吴王僚被公子光杀死的消息后，回国哭王僚，何以哭王僚？王僚之死是吴国之不幸，公子光杀王僚以争国君位，是违背礼让精神的。从中可见其勇、见其坚守礼义的担当精神。

季札在与晏婴、子产、叔向的交往中，给他们建议，并且一一应验，可见他的见识之远之明。季札规劝孙林父，得到孔子"以义正人"的评价。对于朋友用心之深之诚，足以看出季札的仁义品德。

徐国国君虽死，他依然奉剑而赠，并说："始吾心已许之，岂以死背吾心哉！"如此之诚心诚意，如此之遵守诺言，身心如一，古来罕见。

救鲁于危难的子贡

春秋时期，陈国的公子陈完逃到齐国，被齐桓公封在田这个地方，后来就改为田氏，田常就是陈完的后人。为拉拢人心，田常就用"大斗借出小斗收回"的方法，把粮食借给老百姓。后来田氏家族实力大增，封地都超过了国君。田常就想谋反，但是很忌惮四大家族（齐国的国氏、高氏、田氏、鲍氏）的势力，就鼓动齐简公发动战争，让四大家族带兵去攻打鲁国，意在借刀杀人。孔子听说后，意识到局势非常危险，立刻派子贡到齐国去，以救鲁国。

子贡到了齐国，对田常说："鲁国很好攻打，城墙又矮又薄，鲁君也不行仁政，大臣也无能，老百姓更是厌恶打仗，所以不要攻打鲁国。您不如攻打吴国，吴国城墙又高又厚，兵甲是新的，供应充足，大臣贤明，很难攻打。"

忧患在国内的要攻打强国，忧患在国外的要攻打弱国。您的忧患是在国内，听说您多次要被封赏最终都没成，是因为有的大臣反对。如果您灭了鲁国扩大了齐国的疆土，会让君主产生骄傲之心，让四大家族得到尊重，您的功劳反倒不那么显著。如果您攻伐吴国，不会胜利，士兵战死，朝廷空虚，四大家族的势力必然被削弱，您就没有了对手，孤立君主控制齐国政权，除了您还会有谁呢？

田常觉得很有道理。他说："齐兵已经到鲁国去了，如果再转而攻打吴国，大臣会质疑我的。"子贡说："您先按兵不动，我到吴国去，让吴王为救鲁国而攻打齐国，齐国名正言顺与吴国交战就行。"田常答应了，于是子贡南下去拜见吴王。

子贡见到吴王夫差。他说："现在齐国攻打鲁国，齐国灭掉鲁国之后，肯定会南下攻打吴国，和您争霸天下，我很是为您担心啊！您不如出兵伐齐救鲁，救鲁国，会让您行仁义的声名远扬各国。当今最强大的国家是齐国和晋国，您如果打败齐国，也会让晋国叹服，天下霸主就是您了。"

吴王夫差说："你说得很有道理，但我曾伐越国，越王勾践正在积蓄力量，随时会向我报仇，我不得不防啊。"子贡说："如果您先伐越，那么齐国也就灭掉了鲁国，力量更强大。您打着扶危济困的旗号，却攻打弱小的越国，不攻打强大的齐国，是没有勇气啊。您存越国是向诸侯表示仁义；伐齐救鲁，威慑到晋国，诸侯必然以吴国为盟主，您的霸业也就成了。如果您真的担心越国复仇吴国，那么我去见越王，说服他派兵协助您伐齐，实际上这就抽空了越国的士兵，他哪还有力量复仇呢？"吴王夫差非常高兴，就让子贡到越国去游说越王。

越王勾践亲自到郊外迎接子贡。他说："越国是个偏远落后的国家，您怎么屈辱自己的身份到这里来了？"子贡说："我劝说吴王伐齐救鲁，但他担心越国在他背后复仇，说等攻下越国才可以。没有报复他人的想法却令人怀疑他，太拙劣了；有报复人的想法让人知道了，就不安全了；事情还没发动就泄漏出去，就危险了。这是办大事的三种祸患。"

越王勾践诚惶诚恐地说："我曾自不量力，与吴王交战，现在对他恨之入骨，只想和他一起拼死。"

子贡说："吴王残暴，臣民难以忍受。重用奸臣，忠臣伍子胥被赐死。如果您出兵辅佐吴王伐齐，他一定攻打齐国，如果失败了，那就是您的福气；如果胜利了，他会继续攻打晋国，我会见晋君，发动晋国的全部力量抵抗吴国，吴国一部分军力消耗在齐国，一部分消耗在晋国，那时你可趁机攻打吴国的后方，一定能灭掉吴国。"

齐吴两国在艾陵大战，齐军大败。吴王夫差果然率军攻打晋国，与晋军在黄池相遇，吴军大败。越王听到吴军失败的消息后，率军突袭吴国。吴王急行军，返回吴国，与越军开战，却一败涂地。最后越军包围王宫，杀死吴王，越国称霸。

所以，司马迁在《史记》中说："故子贡一出，存鲁，乱齐，破吴，强晋而霸越。子贡一使，使势相破，十年之中，五国各有变。"

【点评】

子贡在游说当中，总的原则不外乎利义两字。对田常晓之以利，避之以害。田常的目的不在齐国的强大，要在田氏代齐。吴国的目标不仅要保鲁，而且要抗齐，甚或伐晋，因为其志在称霸。越国志在复仇，为此可以不计较时间的推延。

而晋国担心吴国一旦战胜齐国，为称霸中原必会向晋国开战，所以枕戈待旦，备战工作做得很充分。最后正如子贡所料，乱齐，保鲁，灭吴，强晋而霸越。

不卑不亢退晋兵的齐国佐

公元前 592 年，晋国的当权人物之一郤克出使齐国，受到了侮辱，回到晋国后，一心想报仇。公元前 589 年的春天，齐国侵犯鲁国，鲁国向晋国求救。郤克认为报仇的机会来了，鼓动晋景公答应鲁国的救援请求。六月，晋国出兵，与齐国在鞍（今山东省济南市长清区）爆发一场大战，即鞍之战。晋军大胜，追击齐军，一直追到齐国境内。齐顷公狼狈逃命，见晋军不断往齐国腹地推进，无奈之下，只好派擅长处理外交事务的国佐宾媚人出使晋国，让宾媚人带着甗、玉磬等作为求和的礼物，答应退还侵占鲁、卫两国的土地，并叮嘱宾媚人道："晋国要是不同意，那我们就奉陪到底吧。"

宾媚人带着礼物来到晋军驻地，见到郤克，向郤克表明了求和的意愿。郤克不同意，他说："必须让同叔的女儿来晋国做人质，并将齐国内耕地的田陇全部改成东西走向。"

宾媚人听到这两条无礼的要求，不急不躁，不慌不忙，镇定自若地回答道："同叔的女儿就是我们君王齐顷公的母亲，如果从相等的地位来说，那也就是晋景公的母亲。让别人的母亲来做人质，这是大逆不道的行为，是不孝的命令。如果用不孝来号令诸侯，这恐怕是不道德的。至于您说的第二条，先王划定天下疆域的时候，就要求因地制宜，南向东向开辟田地。现在您只考虑你们兵车的便利，就说'田垄全部东向'，这有违先王的政令，就是不合乎道义。这样，晋国还怎么做盟主？"

宾媚人看了一眼郤克，继续说道："禹、汤、文王、武王之所以为王，是因为他们品德良好，能满足大家共同的愿望。五位诸侯霸主之所以为霸主，是因为他们奉周天子之命安抚各诸侯国，而你们却是为了满足私欲。如果你们不答应我们求和的提议，我们会重整军队，与你们决一死战。即使我们侥幸取胜了，也会听从贵国的命令，倘若不幸战败了，哪还敢不听从贵国的命令呢？"

郤克觉得宾媚人说得很有道理，便接受了齐国求和的提议，退兵，回到晋国。七月份，晋、齐两国在爰娄（袁娄，今山东省淄博市临淄区）签订合约，齐国的代表就是宾媚人。这就是历史上著名的"齐国佐不辱使命"典故的来源。

【点评】

齐国国佐坚守底线，晓之以礼义。礼在孝悌之道，义在要当霸主必须以仁义为本，安抚好诸侯。无此，何以称霸呢？

犒秦师、保国家的弦高

春秋时期，诸侯争霸，齐桓公、宋襄公、晋文公、秦穆公和楚庄王相继称霸。这些国家之间的一些小的诸侯国，比如郑国、卫国、鲁国等因为实力不济，朝秦暮楚的事儿还是有的，而这些小诸侯国也成为大国争霸的筹码之一。比如郑国就处在楚国、晋国两个大国中间，时而与楚国结盟，时而与晋国结盟。远在西方的秦国迅速崛起，与晋国争霸，就要攻打晋国的附属国或者结盟国。于是郑国就成为秦国的目标之一。

秦军将领杞子从郑国派人告诉秦国说："郑国让我守卫他们的北门，如果秦国偷偷地发兵袭击郑国，郑国就成为秦国的了。"秦穆公问蹇叔、百里傒两人该怎么办。两人回答道："绕过几个国家的边界，到千里之外去袭击别人，很少有占便宜的。再说，既然有人出卖郑国，怎么知道我国的人就没有把我们的情况告诉郑国呢？我们认为不能袭击郑国。"但是秦穆公已下定决心出兵，就派百里傒的儿子孟明视、蹇叔的儿子西乞术和白乙丙率兵偷袭郑国。

秦军开到滑邑（今河南省巩义市一带）停下来休整。郑国的商人弦高带着十二头牛准备去周朝都城做生意，碰到了秦军。他担心被秦军杀掉或俘虏，一边献上十二头牛，并说："听说贵国要去讨伐郑国，我们的国君已做好了防守和抵御的准备，还派我带了十二头牛来慰劳贵国的士兵。"一边偷偷派人赶回郑国，报告给郑国国君秦军来袭的消息，让郑国提前做好防御准备。

孟明视、西乞术和白乙丙听弦高这么说，而且还献了十二头牛，以为偷袭郑国的消息已经泄漏了。他们商议道："既然郑国现在已经知道了，也做了充分的准备，我们无法袭击了，那就退兵吧。"于是灭掉滑邑而还。

郑国因为弦高的机智、见义勇为而得救，国君和百姓都很感激弦高。郑穆公要重重赏赐弦高，弦高婉言谢绝："作为商人，忠于国家是理所当然的，如果受奖，岂不是把我当作外人了吗？"

【点评】

弦高堪称第一爱国商人。在国家面临存亡之际，牺牲自己的利益，扭转郑国被强秦侵犯的局面，既爱国又智慧。

喜欢吃鱼却拒鱼的公仪休

春秋时期，公仪休担任鲁国的国相，遵奉法度、廉洁奉公、按原则行事。他有一个嗜好：喜欢吃鱼。很多臣僚、下属等都知道他喜欢吃鱼，都争先恐后地把鱼给他送上门来，公仪休一一拒绝。他的弟子很疑惑，问道："老师，您特别喜欢吃鱼，别人都送上门来了，您为什么不接受呢？"公仪休说："正因为很爱吃鱼，我才不能随便接受别人馈赠的鱼啊。现在我做国相，领一份俸禄，还能买得起鱼吃；如果因为收下别人的鱼而被免官，那我连鱼都买不起了，所以不能收。"

公仪休平时又很注意爱护百姓，命令官员不能与百姓争夺利益，要考虑百姓的生活，以民为本。有一次，公仪休吃自己家种的蔬菜，感觉味道很好，就把园中的冬葵菜都拔下来扔掉了。他又看见自家织的布很好，就烧毁了织机。家人都很惊讶，问他为什么这么做。他说："如果都像我们这样，农民和织妇怎么能卖掉他们生产的货物呢？他们怎么能维持生活呢？"

后人评价公仪休说："奉法循理，无所变更，百官自正。"

【点评】

公仪休既智且义。其智在于深知贪图不义之鱼的下场，其义在于放弃自家财业，不与民争利。

为孟尝君买义的冯谖

战国时期，兴起一股养士之风，其中最著名的是齐国的孟尝君、赵国的平原君、魏国的信陵君、楚国的春申君，被称为"战国四公子"。他们政治地位高，经济实力雄厚，所以门下食客往往数十、数百乃至达数千人。这些士人也在一定程度上影响了当时的政治事件，比如"鸡鸣狗盗"之徒帮助孟尝君脱离险境；平原君门下的毛遂自荐，使楚国与赵国结盟，派兵救赵；信陵君依靠门客出谋划策率兵救赵。

　　孟尝君田文是齐威王田因齐的孙子，靖郭君田婴的儿子，齐宣王田辟疆的侄子，在齐国有很高的政治地位。

　　孟尝君的门下有个叫冯谖的人，很不起眼，年纪又大，经常拿着剑唱歌：吃饭没有鱼啊，出门没有车啊，没什么可给家中老母亲的啊。孟尝君听说后一一满足了冯谖的要求。

　　孟尝君担任齐国丞相，门下食客太多，入不敷出，就派冯谖去自己的封地薛收债。冯谖准备车马，收拾行李，载着借契出发。告辞的时候，冯谖问："债款收齐了，用它买些什么回来？"孟尝君说："看我家里缺什么就买什么回来。"

　　冯谖到了薛地，派官吏召集应该还债的老百姓都来核对借契，全部核对过之后，冯谖假托是孟尝君的命令，把债款全都赐给了老百姓，并立刻烧了那些借契。老百姓欢天喜地，对孟尝君心怀感激。

　　冯谖很快回到齐国都城，求见孟尝君。孟尝君很奇怪冯谖怎么回来这么快，出来接见他，问道："借款都收齐了吗？怎么回来得这么快呀？"冯谖说："收完了。"孟尝君问："你用它买了什么回来？"冯谖说："我看您家里堆积着珍宝，牲口圈里好多猎狗和骏马，上上下下的美女也很多，什么都不缺了，就是缺少'义'。我用债款给您买了义。"孟尝君问："买义是怎么回事？"冯谖说："薛是您的封地，您却不把那里的人民看作自己的子女，抚育爱护他们，反而趁机在他们身上谋取私利。我假托您的命令，把债款送给了老百姓，烧了那些借契，老百姓很感激您，这就是我给您买的义啊。"孟尝君听了很不高兴。

一年后，齐王不再重用孟尝君，孟尝君无奈，只好到封地薛邑去。孟尝君的车驾离薛邑还有一百里路，薛地的老百姓就扶老携幼，在路上迎接他。孟尝君回头看着冯谖说："先生给我买的义，今天才算见到了。"

【点评】

冯谖买义其实就是买未来的利，也是买人心，人心是最大的利。《商道》中讲：做生意不是为了赚钱，而是为了获得人心。得人心者能得天下，得人心者得客户，得客户者利润自然不在话下。义与利是统一的，如果从长时间的历史看，当下之义，一定会变成未来之利；从短期看今日之义，或许在利上吃亏，但今日之义一定变成明日之利，义与利是一致的。

助赵退秦、拒千金酬谢的鲁仲连

长平之战后，秦国继续攻打赵国，并围困了邯郸。赵国向其他诸侯国求救，各国救兵驻扎在赵国的边境，但都不敢攻击秦军。魏王派新垣衍游说平原君赵胜（战国四公子之一），让赵王尊称秦昭王为帝，就可以解邯郸之围。平原君犹豫不决。

齐国人鲁仲连正客游赵国。他是一个善于谋划，为人排忧解难的人，经常周游各国。听说魏王想让赵王尊称秦昭王为帝的事儿，鲁仲连就去见平原君，问他怎么办。平原君说："我哪里还敢谈论这样的大事！前不久，我们损失了四十万大军，而今邯郸又被包围。魏王派将军新垣衍让赵国尊奉秦昭王称帝，现在新垣衍还在这里。我哪里还敢谈论这样的大事！"鲁仲连说："以前我认为您是个贤明的公子，今天才知道您并不是。新垣衍在哪儿，我替您去责问他，并让他回去。"

平原君安排新垣衍、鲁仲连两人相见。鲁仲连回复新垣衍的质问，援古证今，论说秦称帝给天下带来的祸害。祸害之一：天子之礼仪繁琐细密，诸侯王及大夫很难做到；祸害之二：天子喜怒无常，生杀予夺，全在一念之间，一不小心就会剁人成肉酱，魏王或许有此下场；祸害之三，秦称帝后，会大肆调整诸侯国的人事，换上对秦效忠的官员，此事于赵于魏的官员皆不利；祸害之四：秦王会将自己爱搬弄是非的女儿嫁到诸侯国，扰乱王室。鲁仲连还提出让齐、楚、燕、魏组织联军帮助赵国抗秦。辛垣衍听后心悦诚服，改变主意，不再劝赵王称秦为帝。秦军听到这个消息，撤军后退五十里。恰好魏公子无忌夺得了晋鄙的军权，率军来救赵，秦军遂撤退回国。

平原君要封赏鲁仲连，鲁仲连再三辞让，最终也不肯接受。平原君设宴招待他，在宴席上，献上千金酬谢鲁仲连。鲁仲连笑着说："所贵于天下之士者，为人排患释难、解纷乱而无所取也。即有所取者，是商贾之人也。仲连不忍为也。"意思是说，杰出之士之所以被天下人崇尚，是因为他们能替人排除祸患，消释灾难，解决纠纷而不取报酬。如果收取酬劳，那就成了生意人的行为，我鲁仲连是不忍心那样做的。于是辞别平原君，离开邯郸，终身不再与平原君相见。

【点评】

鲁仲连以"所贵于天下之士者，为人排患释难、解纷乱而无所取也"为做人的原则。并认为有功而取如同商贾之交换。此义举可敬可叹！然而陈义太高，能做到如鲁仲连者甚少。鲁仲连很像子贡。相传在鲁国有一规定，凡能将由于吃了败仗而成为别国战俘的鲁国士兵，赎买回鲁国的，一律会得到鲁国的赏金。一次子贡赎买了一批战俘回到鲁国，然而不去领赏金，孔子知道后就批评子贡，要求子贡去领赏金，说不要因为你子贡既有钱而且道德高尚就将奖赏的规矩破坏了。你子贡不领从此便很少有人来领赏金，也因此鲁国的战俘将无人赎买。子贡所错与鲁仲连是一样的，陈义过高，正如古人讲"行不可逮者，不可以为国俗"。

不辱使命的唐雎

战国末期，秦国加快了统一天下的步伐。靠近秦国的韩国、魏国相继灭亡，安陵国是附属于魏国的一个小国，是魏襄王封给他弟弟的独立地盘，现在的安陵君就是魏襄王弟弟的后人。魏国灭亡后，安陵国还一度保持独立。秦王嬴政不想再费兵卒，想用欺骗的手段轻取安陵。秦国以前也用过这样的计策，秦惠王派张仪出使楚国，承诺给楚怀王：如果与齐国断交，秦国就割给楚国方圆六百里的土地。楚怀王答应了，与齐国断交后，秦国出尔反尔，说楚怀王听错了，是方圆六里。秦国用这种手段，很快打败了齐国和楚国。

秦王嬴政派人对安陵君说："我想用方圆五百里的土地来换安陵，你要答应我。"安陵君强压住怒火，对秦朝使者说："很感谢秦王给我的恩惠，但是这块封地是我从先王那里继承来的，希望永远守着它，不敢用来交换。"秦王嬴政知道后，很不高兴。安陵君后怕了，于是派唐雎出使秦国。

秦王接见了唐雎，说："我用方圆五百里的土地交换安陵，安陵君却不同意，这是为什么？况且魏国已经灭亡了，只是我认为安陵君是一个忠厚的长者，所以没有攻打安陵这个地方。现在我用十倍于安陵的土地来扩大安陵的地盘，却被安陵君拒绝了，这不是轻视我吗？"唐雎回答说："并不是您说的这样。安陵这个地方，是安陵君从先王那里继承来的，一直在守护着它，就是拿方圆千里的土地也不敢交换，更何况只是五百里呢？"

秦王勃然大怒，说："你听说过天子发怒的后果吗？"唐雎回答说："我没听说过。"秦王说："天子一发怒，数百万人会倒下，流血千里。"唐雎说："大王听说过百姓发怒的后果吗？"秦王说："百姓发怒有什么后果？不就是摘掉帽子，光着脚，往地上撞头罢了。"唐雎说："这是平庸无能的人发怒，不是志士发怒。专诸刺杀王僚的时候，彗星的光亮横扫月亮；聂政刺杀韩傀的时候，一道白光直冲上太阳；要离刺杀庆忌的时候，苍鹰扑在宫殿上。这三人都是布衣，胸中怒气还没发作出来，上天就显示了预兆。他们三个人再加上我，就是四个人了。倘若有胆识有能力的人被逼得发怒，那么就会让两个人的尸体倒下，五步之内流满鲜血，天下百姓都要穿丧服了。现在就要发生这样的事了。"说完，拔出宝剑，挺身而立。

秦王大惊失色，郑重向唐雎道歉："先生请坐，何至于此！韩国、魏国灭亡，但安陵却凭借方圆五十里的地方幸存下来，就是因为有先生您在啊！"

【点评】

唐雎不辱使命能使秦王就范，关键在于他能在大义与生死之间作出选择，有舍生取义的思想准备。他义正辞严，言之有物，以死相拼，秦王又怕又敬，于是改变了主意，与安陵君修好。

以仁义之道治国理政的陆贾

陆贾，汉初思想家、政治家，口才特别好，常在刘邦面前谈论《诗经》《尚书》等儒家经典。刘邦很不高兴，大骂道："乃公居马上而得之，安事诗书！"（你老子的天下是靠骑在马上打出来的，哪里用得着《诗》《书》！）陆贾说："居马上得之，宁可以马上治之乎？"（在马上取得天下，难道也可以在马上治理天下吗？）他还说："商汤和周武，都是以武力征服天下，然后顺应形势，文治武功并用，这才使国家长治久安。夫差、智伯都是因炫耀武功而致使国家灭亡；秦王朝使用严酷刑法导致灭亡。假使秦朝统一天下之后，实行仁义之道，效法先圣，那么，陛下您又怎么能取得天下呢？"刘邦很惭愧，就让陆贾总结秦朝为什么失去天下、自己为什么得到天下，以及古代各王朝成功和失败的原因。

陆贾写了一本书，叫《新语》，一共十二篇，认为秦朝那么快败亡，主要原因是横征暴敛，严刑峻法。汉王朝要吸取这种教训，以仁义治国，提出"忖度天地，危而不倾，佚而不乱者，仁义之所治也"，主张"行仁义，法先圣，礼法结合，无为而治"，同时强调君王以无为为主。刘邦大为赞赏，陆贾的这种主张成为西汉前期的主要统治思想。

吕太后掌权后，想立吕氏诸人为王。陆贾知道自己强力争辩也无济于事，于是就称病辞职。右丞相陈平很是担忧朝廷局势。有一次，陆贾前去请安，问陈平为什么如此忧虑，并推断是因为诸吕把持朝政。陈平说："你猜得很对，该怎么办呢？"陆贾说："天下安，注意相；天下危，注意将。将相和调，则士务附；士务附，天下虽有变，即权不分。"意思是，天下平安无事，要注意丞相；天下动乱不安，要注意大将。如果大将和丞相配合默契，士人就会归附；士人归附，即使有意外的事情发生，国家的大权也不会分散。接着又为陈平筹划出几种对付吕氏的办法。陈平就用他的计策，使吕氏篡权的阴谋难于实现。

陆贾最重要的政治贡献有三个：一是奠定了西汉初年统治的思想基础；二是和陈平等人协力诛灭诸吕、拥护文帝即位；三是出使南越，凭自己三寸不烂之舌，说服南越王赵佗臣服汉朝。尤其是在思想层面的贡献，陆贾可以说是一个融合春秋战国以来儒、墨、道、法、阴阳各家思想后，综合提出自己治国理念的人。明人钟惺赞曰："'逆取顺守'，自是三代以后有天下不易之道。此语已先贾生辈发之，自是汉文治首功。"实为不刊之论。

【点评】

马上得天下，就是以武力夺取天下，是谓"逆取"。虽然以武力夺取，也要顺应民意，获得民心，但是其途径是杀伐征战，杀伐征战之事是不得已而为之的，是违逆人性的，所以称之为"逆取"。不能马上治之，就是要兴文治，以道德教化，以礼法治理，举贤选能，修己安民，使百姓生活恢复正常，此乃"文治"，亦即"顺守"。顺守就是以合乎正义的原则治理国家，即：修身安民，为民制产，轻徭薄赋、任贤纳谏，以孝治天下等。

坚守原则、不畏强权的张释之

张释之，西汉文帝朝的名臣。当廷尉的时候，以执法公正不阿闻名。时人称赞"张释之为廷尉，天下无冤民"。

有一次，张释之跟随汉文帝出行，到了虎圈，汉文帝问了十几个有关禽兽的问题，上林尉全都不能回答。看管虎圈的啬夫（一种官职名）代上林尉回答得极周全。汉文帝很不满意上林尉，命令张释之传旨让啬夫做上林尉。张释之说："陛下认为绛侯周勃和东阳侯张相如是怎样的人？"文帝说："两人都是长者啊！"张释之说："可这两个人都不善于言谈，现在罢免上林尉，难道是让天下人效法这个伶牙俐齿的啬夫吗？秦代重用舞文弄法的官吏，因此官吏们以办事迅急苛刻为好，这样做的流弊在于徒然具有形式，国势日衰，至二世而亡。现在因为啬夫伶牙俐齿就越级提拔他，恐怕天下人都会追随这种风气，施展口舌之能而争宠。况且下面的人被在上的人感化，快得犹如影之随形、声之回应一样，您做任何事情都不可不审慎啊！"于是文帝不再任命啬夫为上林尉。

文帝出巡经过中渭桥，有一个人突然从桥下跑了出来，文帝的马受了惊。这个人被交给张释之审讯。那人说："我是个乡下人，听到了禁止人通行的命令，没地方去，只好躲在桥下。过了好久，以为皇帝已经过去了，就从桥下出来了。"张释之向文帝汇报，对这个人处以罚金。文帝怒了，说："这个人惊了我的马，幸亏马驯良温和，假如是别的马，说不定就摔伤了我，你才判处他罚金！"张释之说："法律是天子和天下人应该共同遵守的。现在法律就是这样规定的，您要加重处罚，那么法律就不能取信于民。您的马受惊时，您让人立刻杀了他也就罢了。现在既然把这个人交给廷尉审理，廷尉是天下公正执法的带头人，稍一偏失，天下执法者就会比较随意，老百姓岂不是手足无措？愿陛下明察。"文帝沉默良久，说："你的判处是正确的。"后来有人偷了高祖庙神座前的玉环，文帝要对其灭族。张释之据理力争，根据汉朝律法，只判处这个人死刑，撇清与他家族的关系。张释之由此得到天下人的称赞。

【点评】

法律乃天下之公器，是正义的象征。不可随意而加重或减轻，天子更应遵守，正如《贞观政要》中所言："恩所加则思无因喜以谬赏，罚所及则思无因怒而滥刑。"然能如此者，必待张释之这样的贤者付诸行动，对上直言相谏，对下铁面无私才能得以实现。

直言谏诤、忠心耿耿的汲黯

汲黯是汉景帝、武帝朝的大臣，不畏权贵，好直谏廷诤，为人耿直严正而被人敬畏，被汉武帝称为"社稷之臣"。

王太后的弟弟武安侯田蚡做了宰相，官员们都来谒见，行跪拜之礼。汲黯见田蚡时，只是拱手作揖完事。武帝招揽文学之士和儒生，汲黯说："陛下心里欲望很多，只在表面上施行仁义，怎么能真正仿效唐尧虞舜呢！"武帝脸色大变，怒而罢朝。武帝对近臣说："汲黯太过分了，没见过这么愚直的人！"也有人责怪汲黯。汲黯说："天子设置百官，难道是让我们阿谀奉迎，将天子陷于不义的窘境中吗？再说我已居九卿之位，我也知道保全性命，但要是损害了国家大义，我就得这么做！"

汲黯经常多病，有一次病得很厉害，庄助替他请假。武帝问道："汲黯这个人怎么样？"庄助说："汲黯没有过人之处，但他能辅佐年少的君主，坚守事业，用利引诱他，他不会来；用武力驱逐他，他不会走。即使像孟贲、夏育一样的勇士，也不能夺取他的志节。"武帝说："是啊，古人所说的社稷之臣，汲黯和他们很接近啊。"

大将军卫青拜见武帝，武帝坐在床榻上接见他；丞相公孙弘拜见武帝，武帝有时连帽子也不戴就接见他。汲黯进见武帝，武帝不戴好帽子是不会接见他的。有一次，武帝坐在武帐中，恰好汲黯来汇报工作，武帝没戴帽子，就连忙躲到帐内，派近侍代他批准汲黯的奏书。

张汤改变了汉初制定的法令，然后做了廷尉。汲黯就质问张汤："你身为朝廷要员，不能弘扬先帝功业。在安国富民，使监狱空无犯人方面更无建树。相反，你大肆破坏律令，把高祖定下的规章制度也乱改一气，自以为功，你这样做会断子绝孙的。"汲黯经常和张汤争辩，有时他怒骂张汤说："天下人都说不能让刀笔吏做高官。如果非依张汤之法行事，必然导致天下人恐惧得双足并拢站立而不敢迈步，眼睛也不敢正视了！"

过了几年，武帝征召汲黯为淮阳郡太守，对他说："过段时间我再召你回来。淮阳那个地方官民关系紧张，你有威望，只有你能治理。"汲黯走之前对大行令李息说："我在外任职，不能参与朝廷的议政。御史大夫张汤喜欢无事生非，搬弄法令条文，一心迎合陛下。陛下不想要的，他就诋毁；陛下想要的，他就夸赞。您若不及早向陛下进言，迟早会被诛杀。"李息害怕张汤，始终不敢向武帝进谏。后来，张汤果然身败名裂。武帝得知这番话后，判李息有罪，令汲黯享受诸侯国相的待遇。

在淮南王刘安看来，汲黯"好直谏，守节死义，难惑以非"，即坚守气节和正义，很难用不正当的事情诱惑他。而在刘安眼里，诱惑丞相公孙弘则"如发蒙振落耳"，即就像揭掉盖东西的布或者把快落的树叶摇掉那么容易。

【点评】

很难用一字将汲黯来概括。他遵守礼法，严以律己，可谓"贞"；他对待武帝，直言以告，不留情面，堪称"直"；他对待张汤既反对又能预知其会身败名裂，又可见其"智与勇"；他始终以国家大义为根本，为出发点，可见其"忠义"。用"义、忠、直、勇、贞、智"概括汲黯，应该是不为过的。

匈奴未灭、何以家为的霍去病

西汉名将霍去病，在整个中国历史上都是"出乎其类，拔乎其萃"的人，他在五年时间内取得的战功是其他将领一生也达不到的。

霍去病是大将军卫青的姐姐卫少儿的儿子，从小就善于骑马射箭。元朔六年（前123），十七岁的霍去病被汉武帝任命为骠姚校尉，随卫青追击匈奴，一直追到漠南（今蒙古高原大沙漠以南）。武帝说："霍去病杀敌二千零二十八人，其中包括匈奴相国，活捉单于叔父罗姑比，功劳第一。"封霍去病为冠军侯。

元狩二年（前121），十九岁的霍去病被封为骠骑将军。是年春天，霍去病率领一万骑兵，从陇西出击匈奴。武帝说："骠骑将军转战六天，与敌人短兵相接，杀死了折兰王，砍掉卢胡王的头，抓获了浑邪王的儿子及匈奴相国、都尉，歼敌八千余人。"加封霍去病两千户。

同年夏天，霍去病率军越过居延泽，到达祁连山，攻打匈奴。武帝说："骠骑将军俘虏酋涂王，杀敌三万零二百人，受降二千五百人，俘获五个匈奴小王、五个匈奴小王的母亲、单于的妻子、匈奴王子五十九个，还俘获匈奴相国、将军、当户、都尉等共六十三人。"从此，汉朝控制了河西地区，为打通西域道路奠定基础。匈奴为此悲歌："失我祁连山，使我六畜不蕃息；失我焉支山，使我嫁妇无颜色。"汉武帝增封霍去病五千户，更加显贵，跟大将军卫青相仿佛。

秋天，匈奴单于因为浑邪王损失几万人而大怒，想杀死浑邪王。因此浑邪王和休屠王想投降汉朝，就派使者到边境告知汉军将领。武帝怕浑邪王诈降，命令霍去病前去迎接。浑邪王的副将多数不想投降，有好多人逃遁而去。霍去病单枪匹马闯入匈奴军营里，同浑邪王相见后，与浑邪王合力杀死想逃走的八千人，然后率领浑邪王号称十万的军队渡过黄河到了长安。武帝称赞霍去病的功劳说："骠骑将军霍去病诛杀了妄图逃亡的凶悍之人八千多，使敌国之王三十二人投降汉朝。"增封霍去病一千七百户。

元狩四年（前119）春天，武帝命令卫青、霍去病（时年二十一岁）各率五万骑兵对匈奴发起全面攻击，几十万步兵和转运物资的人跟随其后。卫青俘获和斩杀敌兵一万多人。霍去病率军北进两千多里，遇上左贤王的主力部队，斩获敌兵的数量远远超过卫青，并乘胜追杀匈奴至狼居胥山（今蒙古国境内肯特山），在狼居胥山举行了祭天封礼，在姑衍山（肯特山以北）举行了祭地禅礼。此战之后，"匈奴远遁，而漠南无王庭"，匈奴单于逃到漠北。武帝说："骠骑将军霍去病率领军队出征，共捕获俘虏和杀敌七万零四百四十三人。"增封霍去病五千八百户。

这场战争也彻底扭转了汉朝与匈奴对峙的局势，沉重削弱了匈奴的势力，此后很长一段时间，匈奴再无实力南侵，漠南边境的安全得到了保障。封狼居胥也成为历代名将向往的功绩。千年以后的辛弃疾，在京口北固亭悲痛写下"元嘉草草，封狼居胥，赢得仓皇北顾"的词句。

霍去病为人寡言少语，有气魄，敢做敢为。武帝想让他学孙子和吴起的兵法，他说："不必尽学古代兵法。"武帝为他修盖府第，让他去看看，他说："匈奴未灭，无以家为也。"

元狩六年（前117），年仅二十三岁的霍去病离奇去世。汉武帝悲痛不已，下令调军队从长安站一直排到霍去病的坟墓，并且把霍去病的墓地建成祁连山的样子，以纪念他攻克匈奴的功绩。

【点评】

霍去病堪称忠义智勇兼备的大将之才。"匈奴未灭，何以家为？"，由此可见其"忠、义"。他功勋卓著，而且不喜好读兵法，很多战例都是前无古人的，无智无勇能创造如此丰功伟业吗？霍去病真乃天赐英才于大汉，未至而立之年既建奇功伟业，其才其功如玄学之创立者王弼，英年不足二十四岁就已完成一生不朽之业。

弃繻而去、主动请缨的终军

　　终军，字子云，是汉武帝时的名臣，少年外交家，爱国志士。他从小就刻苦好学，孜孜不倦地读书，因为博学、口才好，又善于写文章，十八岁时就被选为博士弟子到长安去。

　　过函谷关时，守关吏卒交给他一件帛制的"符信"。终军不知道这个干什么用，就问守关吏卒。吏卒说："这是返回的凭证，回来时应该拿它合符。"终军自信地说："大丈夫西游，终不复传还。"弃之而去。终军相信自己一定会被朝廷重用，不会一无所获返回。守关吏卒大为佩服，目送终军而去。终军到长安后，上书谈论国家大事，受到汉武帝的赏识，被任命为谒者给事中。

　　匈奴是大汉的北方强敌，经常骚扰、入侵汉朝边境，有时甚至侵入到长安附近，对汉朝形成了严重威胁。有一次，汉武帝要派使者去匈奴和谈。终军积极上书，请汉武帝派自己出使匈奴。终军说："军无横草之功，得列宿卫，食禄五年。边境时有风尘之警，臣宜被坚执锐，当矢石，启前行。驽下不习金革之事，今闻将遣匈奴使者，臣愿尽精厉气，奉佐明使，画吉凶于单于之前。"意思是说，我拿朝廷的俸禄五年了，也没立什么功。现在国家有难，边境被侵入，我愿意到前线迎敌，决一死战。可是我不熟悉冲锋陷阵之事，现在听说您准备派使者出使匈奴，我愿意出使匈奴，在单于面前筹划吉凶。

武帝问终军有何计策，终军胸有成竹，对答如流。武帝大为高兴，对他赤心报国的言论大加赞赏，就命他为使者，出使匈奴。终军机智善辩，豪气纵横，胜利完成了出使匈奴的任务。

南越在秦朝时已经是秦王朝的一个郡。真定（今属河北省）人赵陀乘秦末战乱，自立为王。秦朝灭亡后，赵陀曾向汉朝表示臣服。后来，赵陀宣布脱离汉朝，并自称皇帝，发兵攻打汉朝边境。文帝时，陆贾出使南越，说服赵陀去帝号，恢复与汉的关系。总之，南越与汉朝的关系是时好时坏，打打和和。武帝时，南越与汉和亲。武帝想召南越王及王太后入朝，以诸侯之礼待之。当时汉与南越关系不太稳定，出使是要冒很大风险的。但为了国家安定与统一，终军挺身而出，请求担当这一重任，并表示："愿受长缨，必羁南越王而致之阙下。"武帝答应了他的请求。从此，"请缨"便成为"为国勇担重任"的代用语，直至今天仍然沿用。终军前往游说南越王，说辞理直气壮、情真意切，南越王听信了终军的话，并答应举国附属汉朝。南越的宰相吕嘉却不愿归顺，趁南越王不备，发兵攻击南越王以及出使南越的汉朝使者，南越王和出使南越的汉朝使者都被杀了。终军死时才二十多岁，所以世人称他为"终童"。

【点评】

"终童"者，完美之少年也。完美者，义忠智勇兼备。十八岁入太学，至长安上书言事；反诘徐偃，使徐偃词穷，足见其智也。胸有成竹，不畏生死出使匈奴，可见其勇也。请缨前往南越，理直气壮，时刻准备着为国捐躯，可见其忠义之德。

仗义执言、忍辱负重的司马迁

天汉二年（前99）十月，飞将军李广的孙子李陵奉汉武帝之命率五千步兵出征匈奴，十一月，在浚稽山与单于亲自统领的匈奴骑兵相遇，前后共计十一万匈奴骑兵围住汉军。李陵浴血奋战，与匈奴大战八天八夜，射杀一万多名匈奴骑兵。最后因后继无援、箭矢用尽、寡不敌众，让四百多名部下突围而去，自己无脸见汉武帝而投降匈奴。

汉武帝听说李陵兵败投降匈奴，勃然大怒。有些官员几天前还称赞李陵英勇，现在立刻跳出来指责李陵忘恩负义。汉武帝问司马迁如何看待李陵投降匈奴这件事。

司马迁尽力为李陵辩护，说李陵孝顺母亲，对朋友和士兵讲信义，奋不顾身急国家之所急。有人只知道保全自己和家人，见李陵战败，就落井下石，夸大他的罪名，真是让人痛心啊！李陵只率领五千步兵，深入匈奴腹地，遇到了数万匈奴骑兵。李陵孤军奋战，杀伤了许多匈奴兵，转战千里，但是救兵不至，箭矢用尽，李陵带着汉军赤手空拳与敌人殊死搏斗，就是古代名将也不过如此。虽然李陵战败了，但他杀伤那么多的匈奴兵，战绩足以传扬天下。他之所以不死，投降了匈奴，一定是想找机会立功赎罪报效朝廷。

汉武帝又大怒，认为司马迁为李陵辩护，是为了诋毁贰师将军李广利，而李广利是武帝宠姬李夫人的长兄，于是下令将司马迁打入大牢。

司马迁被关进大牢后不久，有传闻说李陵带匈奴兵攻打汉朝，汉武帝也没有核实消息的真伪，就草率地杀了李陵的母亲、妻子、兄弟等全家人，判司马迁为死罪。根据当时的刑法，赎死罪有两种办法：一是拿五十万钱，二是受宫刑。

司马迁家贫，又因为得罪了汉武帝，朋友们也都避而远之，不敢救助。司马迁想到："盖文王拘而演《周易》；仲尼厄而作《春秋》；屈原放逐，乃赋《离骚》；左丘失明，厥有《国语》；孙子膑脚，《兵法》修列；不韦迁蜀，世传《吕览》；韩非囚秦，《说难》《孤愤》；《诗》三百篇，大抵贤圣发愤之所为作也。"（《报任安书》）古往今来的圣贤给了他力量。他又想到父亲临终前的郑重托付——写一部"究天人之际，通古今之变，成一家之言"的史书，完成太史的使命。"人固有一死，或重于泰山，或轻于鸿毛"。死，很容易；活下去才是最大的挑战，司马迁毅然选择接受宫刑来赎死罪，"就极刑而无愠色"，忍辱负重，隐忍苟活下来。因此，我们也有幸读到这部"史家之绝唱，无韵之《离骚》"的生命之书，开中国二十四史先河的皇皇巨著——《史记》。

【点评】

司马迁之伟大一在于作为一名历史学家，坚守了秉笔直书的正义原则，不惜被判死刑的灾难。司马迁之更伟大的地方在于为了传承中华历史文化，宁可忍受被宫刑的耻辱。在死与受宫刑之间，他选择了活下来，忍受了作为一大丈夫不堪启齿之耻辱，所为者何？

所为在于传承历史文化，所为在于继承父亲之未竟事业，所为在于为民族大义！子曰："天生德于予，桓魋其如予何！"孔子自信天命在于传承中华文化，遇此困厄，并不在乎，从容而去。司马迁之不死，也如孔子一般，其忍辱负重至此，正是有一件伟大且正义的事业在召唤着他。

为国捐资的卜式

卜式，西汉武帝时人，擅长放羊，也因牧羊而家财丰厚。当时匈奴不断侵扰汉朝边境，武帝组织全国的力量反击匈奴，汉军多次深入漠北与匈奴决战，因此军费急遽上升，经过文景之治积累的财富迅速地被消耗掉。卜式上书，愿意捐出一半的家财资助国家抵御匈奴。

汉武帝派人问卜式："想当官吗？"卜式说："从小牧羊，不熟悉怎样当官，不愿意做官。"使者说："有什么冤屈吗？"卜式说："我生来与人无争，乡里贫穷的，我就借钱给他；为人不善的，我就教他做好事。邻居都很尊重我，我没有什么冤屈。"使者说："你想要什么呢？"卜式说："皇上讨伐匈奴，贤能的人应该为大节而死，有钱的人应该把钱捐给国家，这样，匈奴才能被灭掉。"

使者回到长安，报告给汉武帝。丞相公孙弘认为这不符合人之常情，劝谏汉武帝不要接受卜式的请求。于是卜式回到家里，继续牧羊。

一年后，匈奴浑邪王归降汉朝，朝廷开支过大，国库空虚，流民日渐增多。卜式拿出二十万钱送给官府，以救流民。河南太守把富人助贫的名单上报给朝廷，汉武帝看到了卜式的名字，说："就是那个要捐助一半家产助边的人啊。"于是赐给卜式四百人更赋钱，卜式又全部还给官府。当时天下的富豪都争相隐匿财产，只有卜式主动出资救助流民。

武帝赏赐卜式，让他做官。卜式说："我就是一个放羊的，不会做官。"他后来给武帝在上林苑放羊，一年多的时间，羊就成倍繁殖，而且很肥壮。武帝称赞卜式，卜式说："治理百姓和牧羊是一样的道理，按时起居，恶的立即除去，不让它败坏羊群。"武帝大为惊奇，任命卜式为缑氏令，又调任他为成皋令，又拜他为齐王太傅，又转任为齐国的丞相。在每一任上，卜式都深受百姓的欢迎。

【点评】

卜式爱国，在汉朝受到匈奴威胁时，慷慨捐赠财物，以解国家燃眉之急，此乃侠心义行之典范。

卜式从牧羊而获治国之道，后官至宰相，由此可见万事万物有一"同然处"，其业各异，其理为一。能在实践中悟此理者，堪称"下学上达"。卜式一牧民，能下学上达，将牧羊之法上升为治国之道，实在是与他的道德修养、忠义之心联系在起的。中国传统文化一直认为道德与智慧是统一的，所以几千年以来的教育历史都把立德树人作为根本。

威武不屈、坚守民族气节的苏武

孟子说："富贵不能淫，贫贱不能移，威武不能屈，此之谓大丈夫。"苏武是中国历史上最能够坚持民族气节坚守大义的代表人物之一，是顶天立地的大丈夫。

匈奴新单于即位，尊大汉为丈人，汉武帝为表示友好，派遣苏武率领一百多人出使匈奴。苏武到了匈奴后，顺利完成了出使任务。在准备回国时，恰逢匈奴上层内斗，苏武等人也受到牵连，被扣留下来。

单于派人游说苏武投降匈奴，并许以丰厚的俸禄和高官，被苏武严辞拒绝了。当时正是寒冬，北风呼啸，鹅毛大雪纷纷落下。苏武被关进一个露天的大地穴里，没有吃的、喝的，匈奴希望用这样的酷刑折磨苏武，让他投降。一天天过去了，苏武仍不屈服。单于只好把苏武放出来，心里却越发敬重苏武的气节，不忍心杀他，又不想让他回到大汉，就决定将苏武流放到北海（今俄罗斯贝加尔湖一带），让他去牧羊。临行前，单于对苏武说："既然你不投降，那你去放羊吧，什么时候这些羊生了羊羔，就让你回到大汉去。"

苏武带着那根代表汉朝的符节来到北海，发现这些羊全是公羊。天地苍茫，只有这根符节和一群羊与他为伴。他渴了，就吃雪；饿了，就挖野鼠与收集野果充饥；冷了，就依偎着羊取暖。这样日复一日，年复一年，十九年过去了，符节上挂着的旄牛尾装饰物都掉光了，苏武的头发和胡须也都变白了。

当初流放苏武到北海的单于已经去世了，汉武帝也死了，汉武帝的儿子汉昭帝即位。匈奴内部又大乱，新即位的单于请求与大汉和好。汉昭帝派使者来到匈奴，要求放回苏武、常惠等人。匈奴骗使者说苏武已经死了。

常惠买通了单于手下的人，私下跟汉朝使者见面，告知使者苏武在北海放羊。使者知道后，对单于说："我们皇上在上林苑射下了一只大雁，大雁的脚上拴着一条绸子，上面有苏武亲笔写的字，说他在北海放羊。您为什么骗人呢？"单于吓了一大跳，说："苏武的忠义竟然感动飞禽了！"答应一定把苏武送回汉朝。

当初苏武出使匈奴时，随从有一百多人，这次跟着他回来的只剩常惠等几个人了。苏武出使匈奴时刚四十岁，在匈奴受难十九年后，终于回到了长安。回长安时，百姓都出门迎接，称赞他是个有气节的大丈夫。

《汉书》作者班固在传记中称赞苏武道："有杀身已成仁，无求生以害仁。"苏武去世后，汉宣帝把他列为麒麟阁十一功臣之一，向天下彰显他高尚的节操。

【点评】

苏武真乃孟子所言的"富贵不能淫，贫贱不能移，威武不能屈的大丈夫"。他对于大汉王朝的忠贞始终不渝，即使处于严刑拷打之下，处于忍饥挨饿之时，对于大汉王朝的忠心不曾有丝毫的动摇。也正如《中庸》所言："素富贵行乎富贵，素贫贱行乎贫贱，素夷狄行乎夷狄。"所不同者境遇，所同者忠心。

七十六岁出征边疆的赵充国

经过文帝与景帝的和亲政策、武帝的大规模征伐，匈奴的势力在宣帝时已逐渐衰落下去，但是远在西方边疆的羌人却联合起来，势力逐渐强大。神爵元年（前61），羌人进犯汉朝边境。汉宣帝愁眉紧锁，望向满朝文武，挑不出一个合适的人带兵出征。于是派御史大夫丙吉去问七十六岁的老将军赵充国，谁适合做这次征羌的将军。赵充国说："这还用说吗，只能是我啊。"丙吉看到赵充国精神矍铄，腰板硬朗，大为放心，高兴地向宣帝汇报：老将军赵充国完全能够胜任。宣帝又问赵充国需要多少兵马。赵充国说："百闻不如一见，我愿意立刻去金城（今甘肃省兰州市附近）察看地形后，再作出作战规划。就把此事交给我办好了。羌戎不足为虑，很快就能平定。陛下您不用担忧，交给老臣办理就好了。"

赵充国迅速到达金城，集结了差不多一万人的骑兵，然后出兵，来到黄河边，派人侦察羌人行踪，然后让三队人马趁夜渡过黄河，在黄河边安营扎寨，天亮后，大部队才有条不紊地全部渡过了黄河。几百名羌人骑兵在四周出没，赵充国没有出兵追击，对部下说："我军刚刚渡过黄河，很是疲惫，现在不适合追击这些敌兵，一来这恐怕是羌人的诱兵之策，二来我们的目标是全歼敌人，不要贪图小利。"赵充国打仗向来以谨慎为主，持重为先，先谋划而后作战，从这一次大兵渡黄河的前后安排上也可看出一二。

赵充国一边派人侦察羌人情况，一边行军，到了金城，休整军队，安抚与犒劳士兵，军心大振，士兵都愿意为他卖命。羌人多次过来挑战。赵充国严令士兵坚守营地，不准出去迎战。汉军活捉了一个羌人，赵充国亲自审问。羌人说："羌人的首领们都相互指责，说本来就不应该背叛汉王朝，现在天子派赵将军来，他虽然七八十岁了，但是极善于用兵。就是我们想和他一战而死，也实现不了！"

于是赵充国用自己的威信招降羌人，解散他们联合叛汉的盟约，时刻派人侦察，趁他们疲惫不堪时发动袭击。同时赵充国向宣帝上书，建议对羌族各部应区别对待，严惩主谋者，宽恕胁从者，安抚羌民。宣帝和群臣讨论后反对赵充国的建议，宣帝一面派辛武贤等人进军，一面指责赵充国迟迟不肯用兵，耗费国家人力物力。赵充国一面不断给宣帝上书，坚持自己的意见，认为屯田是安边的最好选择，一面攻打羌人。

赵充国领兵到了先零羌的驻地，只是缓慢驱逐羌人，并命令不得烧毁住所、损害畜牧。羌人听说后都很高兴，有些羌人过来和赵充国谈判，愿意归还汉朝的土地。这次出兵，基本没有发生大的战争，就顺利平定了反叛的羌人。可见赵充国的谋略与威望。

后来宣帝接受了赵充国边境屯田的建议。赵充国表示愿意守在边关和士兵屯田，稳定边防。公元前60年五月，赵充国上奏：羌人本有五万人，经过讨伐，凡斩首七千六百人，投降的有三万多人，因其他事件死亡的有将近一万人。现在羌人实力很弱，羌人保证不会再反叛，恳请大兵回朝。宣帝同意了，赵充国振旅还朝。

赵充国以七十六岁高龄主动领兵出征，顶风冒寒，坚守边境，这在中外战争史上都是极其罕见的。赵充国八十六岁去世，去世之前，朝廷每遇到边境大事还向他咨询。赵充国不仅是一代名将，而且是一位深谋远虑的军事家。在与少数民族的战争中，他认为能和平解决的，就不要诉诸武力，"百战百胜非善之善者也；不战而屈人之兵，善之善者也"，这也是中国军事思想的优良传统。

【点评】

赵充国不滥杀无辜，以攻心为上，其仁也；区别对待羌人，适时而战而和，其智也；以七十六岁之高龄担此大任，其忠也；建议屯田，作长久之计，其谋也。仁智忠谋兼备，且能保晚节者，千古几希矣！

投笔从戎、立万世功业的班超

班超是东汉时期著名军事家、外交家，是历史上经营西域最为成功之人，他投笔从戎的慷慨气概、捐躯赴难的大无畏精神、运筹帷幄的决策能力、智谋百出的军事指挥能力，都使他成为中国历史上首屈一指的人物。

班超出生于书香世家。父亲班彪是著名史学家，曾经为《史记》写后传；长兄班固修《汉书》；妹妹班昭也是著名史学家，班固去世后，她续写《汉书》，还撰写《女戒》一书，被汉和帝请入宫中，皇后和贵人们把她当作老师。

班超从小就有大志，刻苦学习，因为家贫，以给官府抄写文书维持生活，后投笔从戎，叹道："大丈夫无他志略，犹当效傅介子、张骞立功异域，以取封侯，安能久事笔研间乎！"

公元72年，四十二岁的班超跟随奉车都尉窦固出击匈奴，表现非常优异，窦固很欣赏他，派他和从事郭恂带着三十六人出使西域。他们第一站到了鄯善国。一开始鄯善国国王很热情地招待他们，几天后就比较冷淡。班超料定事情有变，便把接待他们的鄯善侍者找来，出其不意地问道："我知道匈奴的使者来了好些天了，他们现在住在哪里？"侍者仓促间难以回答，只好说了实话。班超把侍者关起来，以防泄露消息；接着，立即召集三十六人大吃大喝，待他们酒足饭饱，班超故意说："我们辛辛苦苦来到这里，都是想通过立功来求得富贵荣华，但现在匈奴的使者来了才几天，鄯善王对我们这么冷淡。如果他把我们绑送到匈奴去，我们不就等死了吗？你们看这怎么办呢？"大家齐声说道："生死关头，是生是死，就由您决定吧。"班超慷慨陈词："不入虎穴，焉得虎子？现今只有乘夜用火进攻匈奴使者，趁机消灭他们。消灭了他们，鄯善王就会吓破肝胆，我们就大功告成了。"

天刚黑，班超就率领将士直奔匈奴使者驻地。当时正刮大风，班超命十个人拿着鼓藏在匈奴驻地的后方，约好一见火起，就猛敲战鼓，大声呐喊，又命其他人拿着弓弩埋伏在门两边。安排完毕后，班超顺风纵火。十人大声呐喊，猛敲战鼓，二十六人围堵截杀。一时间声势震天，火势凶猛，匈奴人乱作一团。班超亲手击杀了三个匈奴人。匈奴使团的其他人要么被班超的部下杀死，要么葬身火海。

第二天，班超把匈奴使者的首级交给鄯善王，鄯善王大惊失色，举国震恐。鄯善王表示愿意归附朝廷，并把自己的王子送到朝廷作为人质。窦固上表班超功勋，汉明帝大悦，让窦固重用班超，继续出使西域。窦固想多派一些人跟随班超。班超说，就这三十六个人吧，万一有不测，人多了反而累赘。

公元73年，班超带着三十六人继续西行，来到了于阗国。于阗国刚打败莎车国，匈奴使者团也来助一臂之力，于阗王广德颇为得意，对班超一行人不以为礼。于阗国信巫，巫师对广德说，想要班超的那匹马。广德派人传话给班超。班超答应了，让巫师亲自过来取马。巫师刚到，班超手起刀落，杀了巫师，并送给广德。广德大为惶恐，早就听说班超在鄯善英勇击杀匈奴使者团的事情，万万不能得罪班超，于是广德攻杀匈奴使者，投降了班超，臣服大汉。

公元74年，班超带着随从继续西行，来到了疏勒国。疏勒国的国王叫兜题，是龟兹人。龟兹国实力比较强，在匈奴的支持下，打败了疏勒国，就派自己的人做了疏勒国的国王。班超决定直接派田虑去见国王兜题，临行前，班超对田虑说："兜题本来就不是疏勒人，疏勒人一定不会听他的命令。兜题如果不投降，你就劫持他。"田虑单枪匹马，以大汉王朝使者的身份进入疏勒国王宫。兜题果然不降，看到田虑年轻又文弱的样子，也没把田虑放在心上。田虑趁其不备，突然逼近，劫持了兜题。疏勒国官员吓得目瞪口呆，纷纷逃走。田虑派人报告给班超，班超飞马赶到，召集疏勒国的官员，诉说龟兹国的残暴，并立疏勒国故去国王的哥哥的儿子为国王，疏勒国国人大悦，向大汉臣服。

班超带着三十六人，用了两年时间，收复了三国，终于在西域站稳了脚跟。

之后的二十九年，班超以这三个国家为基础，以夷伐夷，以战养战，九死一生历尽艰险，终于平定了西域。

【点评】

班超急国家之所急，投笔从戎，纵横捭阖，以夷制夷，以战养战，文武兼备，虽不可以"圣之时也"相赞，然类矣！

谋除宦官、以安天下的陈蕃

陈蕃，东汉时期一代名臣，忠君爱国，刚直不阿，为政清廉，不畏强权，敢犯颜直谏，是东汉末期名士清流中的代表人物。

汉桓帝时，梁皇后、邓皇后相继去世后，需要再立一位皇后。汉桓帝就想立自己宠爱的田贵人。陈蕃坚决支持立窦氏为皇后，其他大臣也纷纷反对立田贵人。于是窦氏被立为皇后。

汉桓帝去世后，年幼的汉灵帝即位，窦太后掌权，下诏表彰陈蕃："太傅陈蕃，辅佐先帝，担任京官多年，既忠且孝，德行为本朝第一，直言忠谏，到老不辍。现在封陈蕃为高阳乡侯，食邑三百户。"陈蕃连续上书十几次拒绝封赏，太后不得已只好撤回。

窦太后重用陈蕃。当时窦太后的父亲大将军窦武也很贤明，陈蕃和窦武齐心协力，重用名流贤士，治理国政，天下归心。但是汉桓帝的乳母赵娆、中常侍曹节、王甫等人，谄媚讨好窦太后，他们的爪牙遍布全国，残酷压榨百姓，打击正直的官员。窦太后却非常信任他们，对他们封官进爵。

看着天下苍生遭受荼毒，正义人士不断受到打压，陈蕃和窦武决心联手铲除他们。陈蕃先向窦太后上疏，以取得窦太后的支持。陈蕃在奏章里痛骂侯览、曹节、公乘昕、王甫、郑飒与赵娆等人，说他们扰乱天下，提醒窦太后如果不处理他们，他们一定会危害国家。窦太后根本不听陈蕃的建议。

陈蕃无奈，私下与窦武商量诛灭宦官。不料计划泄露，曹节等人先下手为强，杀了窦武。七十多岁的陈蕃听说变乱已发生，率领属官和学生八十余人，冲进承明门，为窦武喊冤。宦官们又逮捕了陈蕃，担心陈蕃的影响力太大，当天就杀害了他，随后在全国掀起了一场牵涉几十万人的大清洗，无数名士被杀。

陈蕃小时候就有澄清天下的志气。有一天，陈蕃父亲的朋友薛勤来了，看到陈蕃屋里又脏又乱。他说："你这小子，也不打扫打扫房间迎接客人。"陈蕃说："大丈夫处世，当扫除天下，安事一屋？"陈蕃的一生一直在为汉室扫除天下的"污秽"，可惜被宦官所杀，但是他所代表的东汉士人风骨却影响着一代又一代的士人。

【点评】

不扫一屋，何以扫天下。中国古代圣贤讲修齐治平，由己推人，由近及远，由易而难。陈蕃之误区，正在于他从小志大而行少，图远而不顾近，"大丈夫处世，当扫除天下，安事一屋？"此年少奇言宏论，从鼓励立志论，可取！若从志、道、游、艺论，不可取。由此可窥见陈蕃之所以被宦官杀的理由吧。其志宏大，其谋甚远，然不够细密完备，所以才有泄密之祸。

矢志北伐、击楫中流的祖逖

　　祖逖于公元266年出生于河北范阳遒县（今河北省保定市涞水县），少有大志，慷慨尚义，乐善好施。祖家为当地大族，祖逖经常赈济贫困族人和百姓，深受当地人敬重。祖逖与刘琨一同担任司州（西晋、北朝以京师周围地区为司州）的主簿。两人志趣相投，又属于同龄人，因此很快就成为无话不谈的好朋友，同吃同睡，互相鼓励，互相切磋。有一天半夜，祖逖听到荒郊野外的公鸡啼叫，就叫醒刘琨，两人爬起来一起练剑。

　　公元291年，八王之乱爆发，历经十六年才平息，几乎耗尽了西晋王朝所有的元气。313年，晋愍帝司马邺登基，派司马睿率领二十万大军收复洛阳。此时的祖逖率领宗族已迁徙到江南，跟随司马睿开拓江南地区。司马睿接到晋愍帝的命令后，只想一心南拓，根本无意北伐。祖逖挺身而出，愿意率军北伐，收复中原。司马睿不好出面阻拦，只好任命祖逖为奋威将军、豫州刺史，仅仅拨给他一千人的粮食，三千匹布，不给兵马，不给兵器，让祖逖自己想办法募集。

祖逖带着之前和他一起南来的部属、宗族、乡党等几百人渡江。船行驶到江中时，祖逖望着茫茫江水，豪情万丈，敲打着船桨，对众人说："我祖逖对天发誓，如果不能肃清中原的敌人，就像这江水一样，一去不复返！"跟随他的人也都非常感动，誓死效力。祖逖带人到了淮阴（今属江苏省淮安市）后驻扎下来，锻造兵器，招募兵马，训练士兵。

316年，匈奴人刘曜攻克长安，俘虏了晋愍帝，西晋正式灭亡，刘曜建立前赵政权。在江南的司马睿于317年成立东晋政权，也向匈奴人刘曜发出征讨檄文。祖逖大为振奋，虽然当时祖逖面临的形势非常严峻，在安徽、河南、河北一带，除了实力强大的羯族石勒军队外，还盘踞着为数众多的汉族地主组织的豪强武装，他们称霸一方，自成一个独立王国，可能会帮助祖逖北伐攻打石勒，但是也可能会帮助石勒攻打祖逖，主要看他们自身获得的利益如何。317年，祖逖率军进驻芦洲（今属安徽省亳州市），准备攻打谯城（今属安徽省亳州市），果然遭到张平、樊雅两支豪强武装部队的阻截。祖逖利用离间计，杀掉张平，张平的部下在谢浮的率领下归降祖逖。樊雅在另一支豪强武装桓宣的劝说下，率众投降了祖逖。经过一年多的苦战，终于攻克谯城，打通了北伐的通道。

大兴二年（319）四月，豪强武装陈川率众投降羯族人石勒。石勒西边要对抗前赵刘曜，南面则要对付北伐的祖逖。大兴三年六月，祖逖大败石勒的侄子石虎，进驻雍丘（今属河南省杞县）。石勒不甘心，又派了一万精骑兵增援，又被祖逖所败。经过一年多反反复复的斗争，祖逖基本收复了黄河以南的地区。

祖逖志在收复整个中原地区，在稳固黄河以南的地区后，欲渡过黄河，继续向北挺进。远在江南的晋元帝司马睿听说祖逖北伐屡建战功，深得民心，出于维护东晋政权的目的，于大兴四年（321）七月任命戴渊为北伐统帅，以牵制祖逖。在北伐事业一番顺利之时，派戴渊过来统筹北伐事宜，很明显就是为北伐制造阻碍。祖逖明白晋元帝的用意，也知道戴渊无收复中原的才能，又听说大将军王敦意欲谋反，却无能为力、无可奈何，对国家局势和北伐事业深感忧虑，以致成疾。他抱病带领将士修缮北临黄河、西接成皋的虎牢城，以防御石勒大军的反扑，同时也可以为继续北伐打下战略基础。九月，抱病布置战略据点的祖逖再也支撑不住，忧愤而死。豫州人民闻讯，痛哭流涕，自发为祖逖修建祠堂。一代爱国名将、志在收复中原的祖逖的北伐大业也就此中断。他的好朋友刘琨自永嘉元年（307）就率军挺进晋阳（今山西省太原市）一带，帮助当地百姓恢复生产。西晋灭亡后，刘琨在匈奴、鲜卑、拓跋、羯族等几支少数民族势力之间周旋，成为东晋王朝在西北的一支重要力量。大兴元年（318），段部鲜卑内斗，刘琨与子侄四人遇害。

刘琨曾给亲朋好友写信说："吾枕戈待旦，志枭逆虏，常恐祖生先吾著鞭。"祖逖和刘琨互相期许，志同道合，立志收复中原，古人云："世乱识忠良。"两位爱国将军披荆斩棘，勇当重任，堪为绝世忠良。

【点评】

祖逖之志在于统一中国，北伐中原是其方略。中国文化自炎黄之时，从史书中看，就有一种天下必须统一的理想，所以黄帝以部落联盟的方式统一了当时人们能认识到的天下。后来夏、商、周三个朝代又以封建诸侯制为主的五服制实现了统一。至秦之后，中国则以郡县制为主要制度实现了统一。可以说，大一统的思维与理想自古有之。何以至此呢？我想有两方面的原因：一则在于中国文化源于农耕文化，很早就有"天人合一"的价值理念，从而确立了天下一家的理想；二则，在现实生活中，中国人很早就发现，天下要安宁和平，前提是统一，正如孟子所言，"天下定于一"，不定于一，则不能安宁，也因此在中国历史上虽有"分久必合、合久必分"之说，然合和统一的时间长，分裂的时间短。祖逖正是在东晋这一时代对天下统一向往的一位代表人物，也因此得到天下士大夫的响应。后来岳飞的"还我河山"都是这一思想的继承。

大忠大义、为国为民的狄仁杰

女皇武则天晚年面临立继承人的问题，一开始她倾向于立自己的侄子武三思，在狄仁杰的力劝之下，武则天最后还政于李唐，让自己的儿子李显继位。狄仁杰力挽狂澜，使危机重重的李唐王朝重新走上正轨。

武周久视元年（700）九月，狄仁杰病逝，终年七十一岁。武则天哭道："朝堂空矣！"追赠狄仁杰为文昌右相，谥号文惠，为之罢朝三日。

狄仁杰为何深受武则天的信任，他又是如何成为当时第一重臣的？

民间对狄仁杰的第一认知应该是：断案如神、为民伸冤、廉洁刚正。这大多是受到清末长篇公案小说《狄公案》，以及由此衍生出来的各种电视剧、电影等的影响。其实，我们从狄仁杰的为人处世、为官之道、为国为民之心来了解，更可以看出一个立体的狄仁杰，也就能够明白为什么武则天如此尊敬他。

首先看狄仁杰以仁爱之心对百姓。

仪凤年间，狄仁杰担任大理丞，一年时间决断的案子涉及一万七千多人，无一人喊冤，其断案之快、之准，是因为他"圣人无常心，以百姓心为心"，处事公正，廉洁勤政。

在担任宁州（今甘肃省宁县）刺史时，其辖内的汉人和少数民族其乐融融，百姓欢欣和乐，自发为狄仁杰立碑，记下他的功德。御史郭翰到陇右去巡察，很多地方官都遭到了他的弹劾。郭翰到了宁州，发现不论是乡村野老，还是商贾富豪，都在称赞刺史狄仁杰。郭翰很受感动，就把狄仁杰推荐给朝廷，让朝廷重用他。

越王李贞叛乱，时值狄仁杰担任豫州刺史。宰相张光辅率领军队征讨李贞，很快就平定了这次叛乱。平定叛乱的将士们仗着功劳，聚敛财物，搜刮百姓，并向狄仁杰提出非分的要求。狄仁杰不答应。张光辅愤怒地指责狄仁杰说："你这是轻视平叛的众将士吗？"狄仁杰说："一开始扰乱河南的，只有一个越王李贞。现在一个李贞死了，却出现了一万个扰乱河南的李贞。您负有国家使命，带着三十万大军平定乱臣贼子，但是却纵容部下烧杀抢掠，让百姓无家可归，牺牲者众，这难道不是一万个李贞所造成的祸害吗？要是我有尚方宝剑，我就斩你的头，即使我死了也没什么遗憾的。"张光辅不能反驳，内心却恨死了狄仁杰，回到长安后，就上奏参了狄仁杰一本。

万岁通天年间，契丹人来犯，攻陷冀州（今属河北省衡水市）。魏州（今河北省大名县一带）离冀州不远，魏州刺史独孤思庄害怕契丹大军入境，就把老百姓都赶入魏州城内，修缮防御工事和作战用具。朝廷派狄仁杰来魏州担任刺史。狄仁杰让老百姓全都回家，该耕田的耕田，该放牧的放牧，并对手下的人说契丹军还远着呢，没必要让老百姓都来修缮工事。万一契丹军来了，我"自当之，必不关百姓也"。契丹人听说狄仁杰来了，立刻退兵。老百姓欢呼鼓舞，立碑纪念狄仁杰。

其次看狄仁杰以推己及人、光明正大、诚信正直之心对待同僚。

狄仁杰在并州（今山西省太原市）任职时，有一个同僚叫郑崇质，母亲年老多病，恰好郑崇质又被朝廷派到很远的地方公干。狄仁杰对郑崇质说："您母亲身体有疾，你出远门公干，肯定会在万里之外担忧老母亲的身体啊！"就找到长史蔺仁基，恳请代替郑崇质。蔺仁基大为感动，让狄仁杰代替郑崇质出行，同时也反思自己与司马李孝廉为什么有矛盾，这样，与李孝廉也和好如初。

狄仁杰担任豫州刺史时，越王李贞的叛乱被平定后，连坐的有六七百人，登记并没收家产的有五千多人。司刑使催促行刑。狄仁杰一边暂缓行刑，一边秘密上奏，认为这个案子牵连太广，很多人都是被迫的，并非真心作乱，建议朝廷赦免他们。武则天听取了狄仁杰的谏言，下诏，赦免了他们的死罪，改为发配丰州。

狄仁杰大力举荐贤良之人，推荐的桓彦范、敬晖、窦怀贞、姚崇等都成为大唐的肱股之臣。有一次，武则天说想找一个能做宰相的人。狄仁杰大力推荐荆州长史张柬之，并说："其人虽老，真宰相才也。且久不遇，若用之，必尽节于国家矣。"武则天立刻拜张柬之为洛州司马。过了几天，她又让狄仁杰推荐贤能的人。狄仁杰说："前几天推荐的张柬之，您还没用呢。"武则天说："已经给他升职了。"狄仁杰说："我推荐他是做宰相的，不是做洛州司马的。"于是武则天又把张柬之升为秋官侍郎，后来张柬之做到宰相之位，成为唐中宗的得力干将、大唐的一代名臣。

再次，狄仁杰坚守正义、犯颜直谏、常怀忧国忧民之心。

武卫大将军权善才不小心砍了昭陵（唐太宗和长孙皇后的陵墓）的柏树，唐高宗大怒，当场下令诛杀权善才等人。狄仁杰上奏说罪不当死。唐高宗脸色大变，愤愤地说："竟然砍昭陵上的树，这是让我不孝啊，必须处死他们。"狄仁杰据理力争地说："汉朝时有人盗取高祖庙里的玉环，汉文帝大怒，要灭其族。张释之当廷净谏，认为罪不当灭族，最后文帝听从了张释之的劝谏，只杀了一个人。魏文帝将要迁徙十万将士家属充实河南，辛毗力谏不可，魏文帝生气，离开座椅。辛毗拉住魏文帝的衣角不放松，最后魏文帝听从了辛毗的劝谏。要是陛下今天不听从臣的劝谏，我死了以后，有何脸面去见张释之和辛毗啊？陛下因为昭陵的一棵柏树而处死一个将军，千年以后，不知道后人如何看待陛下？"听了狄仁杰这番话，唐高宗的怒气渐渐平息，就免去了权善才等人的死罪。

武则天一直好佛，晚年尤甚。她想铸造一座浮屠佛像，初步估算下来，需要花费数百万。府库里钱财不足，武则天便让天下所有的僧人、尼姑每天施舍一钱相助。狄仁杰说："我听说为政之本一定先考虑老百姓。现在造浮屠佛像，要求宝珠饰物等尽可能多地悬挂。这不可能役使鬼神去做，只能靠人力，如果是雇人来建造佛像，那么就会引导百姓趋利而动，到时候农田谁来耕种？耽误了农时，也就是放弃了国家的根本。今年不好好种庄稼，来年一定会发生饥荒。铸造佛像既耗费钱财，又耗费人力，如果某个地方发生灾难，国家靠什么去救济呢？"武则天只好作罢。

这样的一个狄仁杰，谁人不爱，谁人不敬！

【点评】

狄仁杰之义在于忠于人民，凡对于人民和江山社稷有利者，无论武则天王朝，还是李唐王朝，先辅佐之，只要能安民就可以，待时机成熟再予以纠正。所以，在武则天王朝他为百姓做了许多事，查清了很多冤案。他没有像历史上的清流一类，拘泥于某一王朝，而疏忽了人民为中心这个根本，始终坚守"圣人无常心，以百姓之心为心"，在可能的权力空间内最大限度地为人民服务。试看他在对待平叛李贞的有功之臣时，仍以安百姓为根本，不允许他们居功自傲，搜刮民财，即使有宰相撑腰，也休想！再看在武则天大造佛像损耗民力时，他直谏损耗民力就是动摇农本。所以后来历代为官者尊之为大义之人。

用之则行、舍之则藏的郭子仪

　　唐代出现了许多著名的将领，李靖、李孝恭、李勣、苏定方、薛仁贵、郭子仪、李光弼、李晟、浑瑊等，其中郭子仪是武状元出身，历经武则天、唐中宗、唐睿宗、唐玄宗、唐肃宗、唐代宗、唐德宗七朝，成为七朝元老，晚年备受肃宗、代宗、德宗的信任与重用。

　　郭子仪作为大唐的中兴之将，"天下以其身为安危者殆三十年，功盖天下而主不疑，位极人臣而众不嫉，穷奢极欲而人不非之"。这是古之罕有的。为什么郭子仪能够做到人臣之极致？

　　郭子仪于公元697年出生在一个官宦世家，身材魁梧（据说身高1.8米），相貌出众。武则天时期，他考中了武状元，之后就在军队里任职，但一直没得到重用。郭子仪不急不躁，韬光养晦，就这样度过了他的青年和中年时代。公元755年，"渔阳鼙鼓动地来，惊破霓裳羽衣舞"，安史之乱爆发，十几万叛军很快攻克洛阳。五十八岁的郭子仪被唐玄宗破格提拔，被任命为朔方节度使，与李光弼联手抵抗安史大军。郭子仪如猛虎出匣，一发不可收拾，屡立战功，收复了不少失地，在河北嘉山，巧用策略，斩首史思明四万兵马，活捉五千人。史思明仓皇逃跑，鞋子掉了都顾不得穿上。公元757年，在长安附近，他大败安庆绪的十几万叛军，让敌人闻风丧胆。郭子仪率军接连收复长安和洛阳。唐肃宗对郭子仪说："国家再造，卿力也。"

由于奸邪小人的挑拨和皇帝历来对功高之人的戒备，郭子仪的军权被有意无意地削弱了。收复长安后，唐肃宗便不再立军中元帅，并派太监鱼朝恩来监军，引起其他将领的愤慨，以"观望"来消极对待。鱼朝恩向唐肃宗密告，把责任都推到郭子仪身上。唐肃宗下诏，让郭子仪回长安，把兵权交给李光弼。正在前线奋勇搏杀的郭子仪接到肃宗的命令，不顾将士的反对，独自一人悄悄回到长安，过着闲居的日子，毫无怨言。

公元762年，太原、绛州（今山西省新绛县）两地驻军杀主帅，军队骚乱，史思明率军又卷土重来，形势危急。群臣上奏请闲居的郭子仪出山，此时郭子仪已经六十五岁。重病中的唐肃宗任命郭子仪为诸道兵马都统，赐爵汾阳郡王。

郭子仪迅速赶到绛州，很快平息了军乱，带兵又打了几个胜仗。肃宗病死，之前和郭子仪并肩作战的广平王李俶（后改名为李豫）即位，即唐代宗。在宦官程元振的蛊惑下，唐代宗也担心郭子仪功高难制，心存猜忌，罢免了郭子仪的兵权，让他监督修造肃宗的陵墓。郭子仪一面兢兢业业、毫无怨言地修筑肃宗的陵寝，一面把肃宗因褒扬而赐给他的千余篇诏书都交给代宗。代宗惭愧不已，自诏道："朕不德，诒大臣忧，朕甚自愧，自今公毋疑。"

公元763年，吐蕃趁安史之乱刚刚平息，长安兵力空虚之际，起兵二十万攻入长安，唐代宗逃到了陕州。闲居的郭子仪接到代宗命令，以关内副元帅的身份护卫京师。郭子仪带着几十个骑兵一边赶赴京师，一边沿路召集民兵、逃兵败将、游兵散勇等，最后组建了一支四千多人的军队，旧部张知节率军迎接他，两军会师，郭子仪重整军队，然后开赴京师，并让百姓宣扬"郭元帅打回来了"。吐蕃人早就久仰郭子仪的大名，听说他回来，遂迅速撤离长安。郭子仪迎唐代宗回长安。唐代宗拉着郭子仪的手说："用卿不早，故及于此。"

公元764年，叛将仆固怀恩招引回纥、吐蕃十万人马，进犯大唐，郭子仪带兵出征，回纥、吐蕃听说是郭子仪亲征，不战而退。公元765年，仆固怀恩又带回纥、吐蕃、党项三十万人马入侵大唐。郭子仪率领一万唐军在泾阳被十多万回纥、吐蕃人马团团围住，恰仆固怀恩暴病而死。郭子仪知道机不可失，单骑去见回纥主将，策反回纥与大唐合作，共同攻击吐蕃。吐蕃大败而归，回纥也退回自己的根据地。

唐玄宗后期一直到唐朝末期，宦官登上政治舞台，把持朝政，挑动干戈；一些无耻文人如元载、卢杞等相继入相，结党营私，陷害忠良。外部则是安史之乱、回纥吐蕃等也入侵，大唐王朝风雨飘摇。郭子仪胆略非凡，有勇有谋，精忠报国，皇室用之则行，不用则藏，不怨天，不尤人，他的军功不再赘述。在为人处世上，他顾全大局，豁达宽宏，巧妙化解了宦官鱼朝恩掘父亲坟墓的大问题，感动鱼朝恩，不再为难郭子仪。他识人精准，以忠恕之道待人，在卢杞还是个小官吏的时候，就尊重他。卢杞位列宰相后，打击报复忠良，而郭氏一族安然无恙。

公元781年，八十五岁的郭子仪安详离世，谥号为忠武，这一谥号也是武臣的最高荣耀。自古以来，"狡兔死，良狗烹；高鸟尽，良弓藏"，功高震主者，多被人主猜疑，最后落得个凄凉下场，但郭子仪是一个独特的存在！

【点评】

郭子仪的成功在于他对于权势无贪念，可有可无，与人为善，于事以诚敬，尽人事，听天命。在年轻时不能被提拔，他也能发奋图强，无怨无悔，自强不息。直到五十八岁才被重用，即使这样也时常因功高而被谗言所害，赋闲在家，他仍能以"无可无不可"的心态待之，随遇而安而乐，如同对待天之春夏秋冬之变，对待地之东西南北中之异，绝无因变而忧、因变而怨、因变而手舞足蹈，也绝不患得患失。能如此，根本在于他有一颗大公无私的仁义之心。

力主削藩的裴度

裴度是唐代中叶名相，河东闻喜（今山西闻喜）人。贞元五年进士及弟。唐宪宗元和九年（814），累官至御史中丞。因唐代节度使由军中拥立，专制一方，814年，淮西镇节度使吴少阳死，其子吴元济图谋继立，威胁朝廷，宪宗决定发兵征讨。

成德节度使王承宗和淄青节度使李师道勾结李元济，派遣刺客刺死主张讨伐的宰相武元衡，砍伤裴度。宪宗即命裴度为相，主持讨叛军事，裴度认为必须扫除淮西这一心腹大患。

元和十二年（817）初，朝廷已对淮西进行了长达四年的征讨，不见成功，耗资巨大，国库空虚。宪宗有点儿动摇，宰相李逢吉等人上书恳请罢兵。宪宗私下问裴度。裴度坚持削藩，对宪宗说："誓死效力，消灭藩患。"请求宪宗派他到前线督战。宪宗大为感动，更加坚定了削藩的决心，任命裴度全权负责削藩事宜，对藩镇全面宣战。

裴度迅速组建征讨淮西吴元济的领导班子，任命韩弘为淮西行营都统，刑部侍郎马总为宣慰副使，太子右庶子韩愈为行军司马，司勋员外郎李正封、都官员外郎冯宿、礼部员外郎李宗闵等为幕僚。临行前，裴度向宪宗表达了死战到底的决心："君主有忧虑，是臣子的耻辱。做臣子的道义就是以必死的决心为君主分忧。灭掉藩镇，我就回来向陛下报喜，藩镇一天不灭，我就一天不回。"宪宗亲自到通化门为其送行。

元和十二年（817）农历八月三日，裴度等人奔赴淮西，他决定把指挥部设在郾城。八月二十七日，裴度一行人顺利抵达郾城，然后立刻外出巡视军营，代表皇帝慰问将士。裴度召开军事会议，了解这几年作战存在的弊端，奏请宪宗撤销派来督战的中使，把指挥权交给前线的将军们，同时整顿军纪，强调军法。经过一番整顿后，将士们士气大振。他又派使者到蔡州劝吴元济投降，以方便摸清吴元济的底细。

很快到了寒冬十月，冷气逼人。十月十一日夜，他派节度使李愬率军偷袭蔡州。午夜，下起大雪，天寒地冻。李愬率军急行七十里，赶到蔡州城下，守城的士兵毫无觉察。官兵很快就越墙入城，杀死门卒，打开城门。吴元济毫无防备，被官兵活捉。第二天，裴度进城，与百姓约法刑罚都废除。百姓欢呼震天，终于从吴元济残酷的统治下解脱出来，对朝廷感恩戴德。

进城后，裴度让蔡州的士兵做自己的卫兵。有人对裴度说："蔡州刚刚平定，他们的心还没安定下来，你不可不防啊。"裴度笑着说："我奉朝廷之命来征讨吴元济，现在吴元济已经就擒。蔡州的百姓就是我们的人。"蔡州的父老乡亲听到裴度的话，无不感动，很快申州（今河南信阳）、光州（今河南潢川）这两个地方也被平定。

淮西吴元济被平定后，其他藩镇也开始向中央臣服，大唐中兴局面逐渐呈现。宪宗去世后，裴度又历仕穆宗、敬宗、文宗三朝，开成四年（839）去世，享年七十五岁。

裴度曾诙谐地称赞自己："尔身不长，尔貌不扬。胡为将？胡为相？一片灵台，丹青莫状。"后人对裴度也是大加赞赏，《旧唐书·裴度传》说他"出入中外，以身系国之安危，时之轻重者二十年"，"威望德业，侔于郭子仪"，称赞他为"诚社稷之良臣，股肱之贤相"。《新唐书》说他"事四朝以全德始终"，是历史上少有的能将德行贯穿始终的将相。

【点评】

裴度之义在于深知加强中央集权是王朝维护统一、人民安居乐业的根本，因此无论自己是否有身家性命之忧，"削藩"必行。他不但主张坚定，而且能亲临前线指挥，深知"将在外，君命有所不受"的道理，撤销督军的中使，还指挥权于前线将士，鼓舞士气，强化军纪。在杀了吴元济后，接纳叛军治下的百姓与兵士，使社会秩序迅速恢复正常。

立身虎狼、安济苍生的冯道

安史之乱之后，大唐王朝的统治力、行政效率、经济实力急遽下滑。内部问题越来越严重：以河朔三镇为代表的藩镇尾大不掉，形成对中央的严重威胁；大宦官掌握皇帝生杀权，朝廷官员朋党攻讦，国家的日常行政工作无法正常推进；唐朝末年的平民起义，如黄巢起义，则给了唐王朝致命一击。外部是回纥、吐蕃等不断侵扰。中央政府越来越孱弱无能，割据的藩镇势力越来越强。

在这样的乱世，冯道历任四朝十君：后唐（庄宗李存勖、明宗李嗣源、愍帝李从厚、末帝李从珂）、后晋（高祖石敬瑭、出帝石重贵）、后汉（高祖刘知远、隐帝刘承佑）、后周（太祖郭威、世宗柴荣），得到厚爱和重用，在中国历史上是一个独特的存在，冯道是一个什么样的人呢？

冯道公元882年出生于瀛州景城（今河北沧州），成人后投奔燕王刘守光，担任参军一职，因劝谕惹怒刘守光被投入监狱。出狱后投奔太原的晋王李存勖，得到重用。同光元年（923），李存勖称帝，即后唐庄宗，冯道也不断得到晋升。同年，冯道为父亲守丧，他看到衣不蔽体、食不饱腹的乡邻，就把自己剩下的俸禄拿出来，分给乡亲们。他亲自下地耕种，捡柴烧火做饭。有些农田荒芜了，没人耕种，冯道就去垦荒耕种；有乡亲因为年老体弱不能耕种农田，冯道就半夜替他们耕种。他在老家为父亲守丧三年，为乡亲们做了很多力所能及的事情。冯道守丧期满，奔赴洛阳。当时唐庄宗李存勖在兵变中遇害，李嗣源即位，为后唐明宗。李嗣源早就知道冯道的大名，很欣赏他的才能，说冯道是他的真宰相。李嗣源在五代众多的君主里还是比较开明的，在他的统治下，政局比较稳定。冯道告诫明宗要居安思危，对明宗说："我以前在河东担任掌书记的时候，奉命出使中山。需要经过井陉这个地方，这里地势很险要，害怕马失蹄，我就紧紧抓住缰绳，一点儿都不敢放松。到了平地后，觉得没什么可担忧的了，反而给跌伤了。""凡蹈危者虑深而获全，居安者患生于所忽，此人情之常也。"意思是说，在危险之中的人思虑深远而获得周全，处于安宁之中的人因为忽视隐患而遇到大祸，这是人世间的常理啊。

明宗问道："天下丰饶，百姓生活富足吗？"冯道说："谷贵饿农，谷贱伤农。"并诵读唐人聂夷中的《咏田家》诗："二月卖新丝，五月粜新谷。医得眼前疮，剜却心头肉。我愿君王心，化作光明烛。不照绮罗筵，只照逃亡屋。"明宗听到这首诗后，立刻明白了冯道的用心，让左右的人把这首诗摘抄下来，以方便自己时时诵读，警戒自己。

后晋石敬瑭借助契丹的力量取代后唐，石敬瑭为后晋高祖，依旧重用冯道。后来契丹入侵中原，灭掉儿皇帝石敬瑭建立的后晋，耶律德光依旧重用冯道。有一次，耶律德光对冯道说："天下百姓如何救得？"冯道用戏笑的话回答道："此时佛出救不得，惟皇帝救得。"意思是说，佛祖出来都救不了天下百姓，只有皇帝您可以。听到这样的奉承话，耶律德光大为高兴。当时契丹入侵中原后，往往是烧杀抢掠，屠城、屠村现象非常严重。时人都说契丹没有大肆屠杀中原百姓，是因为冯道的这句话。

宋人吴处厚说："盖俗人徒见道之迹，不知道之心；道迹浊心清，岂世俗所知耶！余尝与富文忠公（富弼）论道之为人，文忠曰：'此孟子所谓大人也。'"意思是说，世俗之人只看到冯道表面上做的事，却不知道冯道的用心良苦；冯道做的事看起来是污浊的，但他的心是清明的，这哪是世俗之人能理解的呢？我和富弼（北宋名臣，曾担任宰相）公讨论冯道的为人，富弼公说，这就是孟子所说的大人啊。

冯道学识渊博，诗文被人称道；为人正直，不结党营私，深得君王信任；宽宏大量，对嘲讽他的人一笑而过；廉洁自律，不贪腐，不苛求；政治经验丰富，辅佐十位帝王，与耶律德光的周旋等可见其老练的政治手段；一切从百姓出发，心怀仁义与大爱。冯道有诗自道："但教方寸无诸恶，狼虎丛中也立身。"也许是最贴切的独白。

【点评】

冯道是一随势而安而乐的人，同时审时度势，积极进取，对形势把握得很准。他不同于趋炎附势、随波逐流者。所不同在于用心不同，趋炎附势、随波逐流者所用心在于谋求自己之权势与利益，而冯道之用心在于求得为民服务的空间，类于柳下惠"圣之和也"。

光明正大、柱石之臣李沆

李沆是北宋时期名相。作为太宗、真宗两朝的重臣，以清静无为治国。他老成持重、气度恢弘、节用爱人、忠厚纯良，尤以荐人、识人而被人称道，也颇有远见，有着深厚的忧患意识。

李沆三十多岁考中进士，因为老成持重，深得太宗喜爱。太宗让李沆做太子赵恒也就是后来的宋真宗的老师，李沆对宋真宗继承皇位也出过力，因此深得宋真宗的信任，但李沆洁身自好，直爽诚信，谨慎行事，从不多言。宋真宗对李沆说："别人都有密奏，只有你没有，为什么？"李沆说："我身为宰相，公事公办，何必用密奏？有密奏的人，不是进谗言就是奸佞小人，我非常讨厌他们，怎么能效仿他们？"

李沆气量弘大，对有才之人大力举荐，比如举荐张咏（因发明纸币交子而被称为"交子之父"）。张咏少年时学习击剑，任性使气，不拘小节，为人慷慨，但是性格比较古怪，自号为"乖崖"，他还举荐晁迥（北宋著名的藏书家），后来官至工部尚书、礼部尚书。张咏、晁迥和李沆都是太平兴国五年（980）的同年进士，李沆深知张咏和晁迥有大才，就向真宗举荐。后来这两人都被重用，为官被人称道，张咏更是成为一代治蜀名臣。

宋真宗向李沆请教，治理国家最应该注意的是什么问题。李沆说："不要选用浮夸浅薄与好大喜功的人，这是最应该注意的。"宋真宗又问朝廷里谁是这样的人。李沆说："梅询、曾致尧就是。"后来曾致尧作为温仲舒的副手担任陕西安抚使，报告说温仲舒不足以和自己共事。李沆就换了别人做温仲舒的副职，罢免了曾致尧。李沆死后二十多年，有人向朝廷推荐梅询，宋真宗反对，说："李沆曾说他不是君子。"可见李沆被真宗信任的程度，也说明李沆力主不用浮夸浅薄之人，深得真宗赞同。

李沆善于察人，但他举荐人才，也不是无原则的。寇准与丁谓的关系很好，认为丁谓是个人才，多次向李沆推荐丁谓。但李沆始终不用丁谓，寇准很是不解。李沆说："看他为人处事，可以让他居于别人之上吗？"寇准说："像丁谓这样的人，您能一直抑制他，使他居于他人之下吗？"李沆笑着说："将来你后悔的时候就会想起我今天说的话了。"寇准后来被丁谓排挤、打压、陷害，想起李沆的话，深深佩服李沆的先见之明。

驸马都尉石保吉请求担任使相。宋真宗征求李沆的意见。李沆说："赏赐一个人，需要本人干出成绩来。石保吉虽然是内戚，但没有功劳，就封他为大官，这会招来非议。"后来宋真宗又多次征求他的意见，李沆坚持不同意，最后石保吉也没有得到提拔。直到李沆去世后，石保吉才获授武宁节度使、同平章事。

李沆具有深厚的忧患意识，他在做宋真宗的老师时，就不断给宋真宗灌输江山社稷的危机感，引导真宗关心天下百姓。李沆任宰相，王旦任参知政事时，北宋和辽关系紧张，战争频仍。两人一起处理国事，有时候忙到半夜才吃饭。王旦感叹道："我们什么时候才能够享受太平生活啊？"李沆说："心中忧虑国事，能起到警戒的作用。就算天下安宁，朝廷也未必无事。"后来辽提出停战，与宋议和。李沆说："议和是好，但如果边患消除了，恐怕时间长了，皇上就会奢侈起来了。"王旦不以为然。

李沆每天把各地的水旱灾害、盗贼叛乱的事情上报给宋真宗。王旦说："这样芝麻大的事儿，就不需要让陛下知道了吧。"李沆说："皇上还年轻，应当让他知道治理国家的艰难。否则，他血气方刚，就算他不喜欢声色犬马，他也会找其他的事情去做的。我老了，可能看不到了，这是你以后要担心的事情。"李沆死后，宋真宗认为已经与辽议和，西夏也向宋朝进贡，全国上下一片安宁，不需要他"鞠躬尽瘁"了，就陷入祥瑞和道教里去，封禅泰山、祭祀汾水等。再加上王钦若、丁谓在真宗旁边煽风点火，鼓动真宗大兴土木、建设道观。王旦对这一局面无能为力，这才知道李沆的远见，感叹道："李沆真是圣人啊。"时人因此称李沆为"圣相"。

李沆曾经说："我处在高位对国家也没有什么用处，只是把朝廷内外的利害关系一一处理好，勉强报效国家罢了。陆象先说'庸人自扰'，我就是这样的。万一让小人得势，我怎么对得起百姓？"李沆经常读《论语》。有人问他为什么。李沆说："《论语》中所说'节用而爱人，使民以时'，我作为宰相还没有做到。圣人的话，终生都要诵读。"

北宋名臣张咏说："吾榜中得人最多，谨重有雅望，无如李文靖（沆）。深沉有德，镇服天下，无如王公（旦）。面折廷争，素有风采，无如寇公（准）。"评价同榜的三位宰相，可谓一语中的。

【点评】

李沆之才在于气度恢弘，善于识人、荐人、用人，也敢于直言人的缺点，而且深谋远虑，有"圣臣"风范。他举荐同年进士张咏、晁迥，此举类似孔子称赞的公叔文子，能推荐自己的家臣僎与自己同朝为官，其心胸之广大，爱国之深切，可见一斑。更可贵之处在于，李沆对于浮夸浅薄、好大喜功者，能直言相告宋真宗谁是这样的人，可见其对于国家之忠义。

之所以称其为"圣臣"，是因为他的深谋远虑。他很早就看到和谈之弊在于让皇帝居安而忘危；他很早就想培养皇帝勤政的习惯，以避免其另有爱好，这都是值得后来者效仿的。

刚直进谏、扶持国运的寇准

寇准，北宋太宗、真宗朝著名的政治家，在他的主导下，北宋与辽在澶渊之下订立盟约，这一盟约给北宋换来了一百多年的稳定发展时期，这也是两宋王朝时间最长的一段和平时期。

寇准在北宋是出了名的刚直。太平兴国五年（980），十九岁的寇准考中进士。当时是宋太宗当政，不喜欢年轻人。有人就对他说："太宗更喜欢老成持重之人，年纪轻的人往往不得录用，你何不增报年龄？"寇准说："我刚开始要做官，怎么可以欺骗陛下呢？"后来寇准被录取了，被分配到归州巴东任知县。

端拱二年（989），寇准在大殿慷慨言事。由于言辞过于激烈，宋太宗越听越生气，便想离开龙座，退朝回内宫。寇准走上前扯住宋太宗的衣角，不让他走，宋太宗只好又坐下来，平复情绪，听寇准一一说完。事后，宋太宗高兴地说："我得到寇准，像唐太宗得到魏征一样。"

至道三年（997），宋真宗即位。那几年边境告急文书频传，说辽军要大规模入侵。参知政事毕士安说："寇准天资忠义，能断大事；志身殉国，秉道嫉邪。眼下北强入侵，只有寇准可以御敌保国。"向宋真宗推荐寇准为相。景德元年（1004）八月，寇准与毕士安同日拜相。他们坚决主张抵抗辽军入侵，向宋真宗进谏道："现在武将和文臣都很团结，如果陛下亲自领兵出征，我军士气自然高涨，就会打败敌人。如果陛下不亲征，我们也可以坚守阵地消磨敌人士气。不管从哪种形势来看，我们都有必胜的把握，为什么要抛弃太庙、太社而迁都呢？如果人心崩溃了，敌人节节推进，天下还能够保住吗？"寇准派人到前线了解第一手情报，然后制定出一套作战方案，并力劝真宗亲征。同时寇准积极备战，派人组织与训练河北的民兵，制定杀敌立功的奖励政策，又派人携带物资慰劳河北驻军，鼓舞军心。

十月，辽兵攻下祁州，然后直扑澶州。河北大片领土沦陷，澶州与都城汴京只有一河之隔，汴京危急！怯弱的宋真宗在寇准不断劝说下终于决定亲征。群臣中反对真宗亲征的仍大有人在，连宰相毕士安这时也称生病。寇准一边和妥协派做斗争，一边激励真宗：大敌压境，只可进尺，不可退寸，进则士气备增，退则万众瓦解。

殿前都指挥使高琼也支持寇准的意见。在寇准的力促下，宋真宗终于到达澶州，却不敢过河到北城去，因为辽军已经抵达北城附近。寇准和高琼私下商议，高琼表示愿以死殉国，于是两人一同去见宋真宗。高琼请宋真宗立即动身渡河。一旁的枢密院事冯拯呵斥高琼，说他对真宗过于鲁莽。高琼愤怒地驳斥道："你也就是因为会写文章才做到这个职位。现在大敌压境，我劝皇上出征，你却责备我无礼。你有本事，为何不写一首诗使敌人撤退呢？"

高琼命令卫兵把真宗的车驾开到北城。真宗的车驾一出现，城下北宋兵民立即欢声雷动，"诸军皆呼万岁，声闻数十里，气势百倍"。真宗在北城巡视了一圈，也受到士兵的感染，心慢慢安定下来，留寇准在北城全权负责作战，自己回南城住下。

辽军统帅萧挞凛一向轻视宋兵，恃勇轻进，率几十名骑兵在澶州城下巡视，被宋军大将张环以伏弩射杀，中箭坠马而死。萧太后痛哭不已，为之"辍朝五日"，辽军士气受挫。而且辽军战线过长，补给困难，如果与宋军打持久战，后果不堪设想，又恰逢宋真宗亲征，宋军士气高涨。萧太后非常务实，看到这次出征占不到什么便宜，就提出议和。这正中真宗下怀，他连忙派人向萧太后表达了和谈的愿望。

寇准听到与辽和谈的消息后，急忙赶回南城，向真宗苦谏不要和谈，现在正是大败辽军的大好时机。大将杨延昭也上疏说，现在辽军人困马乏，我军士气高涨，趁此良机围歼辽军，再乘胜北上，收复燕云十六州指日可待。但真宗只想议和，跟随真宗出征的其他大臣也支持和谈，甚至联合起来诋毁寇准。万般无奈之下，寇准只好同意与辽讲和。

宋真宗派曹利用去和辽谈判。辽提出要北宋"归还"后周世宗北伐夺得的"关南之地"。北宋的条件是只要辽国退兵，可以每年给辽一些银、绢，但不答应领土要求。谈谈打打，最后双方终于按北宋的条件达成协议。十二月，宋辽双方订立和约，辽撤兵，北宋每年给辽银十万、绢二十万，这就是历史上著名的"澶渊之盟"。自此百余年内，宋辽之间没有发生大规模的战争。范仲淹说："寇莱公澶渊之役，而能左右天子，不动如山，天下谓之大忠。"当是确论。

【点评】

宋朝有两大特点：一是自太祖时制定了"不杀读书人"的祖训，使宋王朝文官与皇帝之间格外随意亲切。也因此文人的刚毅之气较之前朝尤其较之明清两代为甚。像寇准扯皇帝衣角，让皇帝别走，把他的讲话听完，以及逼皇帝亲征等，这些举动应该都得益于"不杀读书人"的祖宗之法。二是宋王朝偏好通过捐献银两布帛粮食等，解决战争问题，而这一点也正好满足了北方游牧民族南下抢掠财富的目的。所以澶渊之盟后，宋辽有一百多年的和平期。

以天下为己任的范仲淹

"不以物喜，不以己悲；居庙堂之高则忧其民；处江湖之远则忧其君。是进亦忧，退亦忧。然则何时而乐耶？其必曰：'先天下之忧而忧，后天下之乐而乐'乎。噫！微斯人，吾谁与归？"

这是北宋一代文豪、著名政治家范仲淹《岳阳楼记》中的文字，"先天下之忧而忧，后天下之乐而乐"是范仲淹一生的行为准则，其蕴含的忧国忧民情怀也成为历代士大夫为官为政的信条。亲征西夏和庆历新政这两件事，是范仲淹仕宦生涯的代表。

党项族原本臣属于宋，后来李元昊建立西夏国，侵扰宋朝边地。宋仁宗决定与西夏开战。丞相吕夷简推荐范仲淹经略西夏战事。之前就废后、选拔人才等问题，范仲淹与吕夷简有过针尖对麦芒的冲突。范仲淹向来主张"凡为官者，私罪不可有，公罪不可无"，深知倘若没有吕夷简的在朝支持，边事将"无以成功"，便主动给吕夷简写信，解决两人过去的矛盾。

仁宗任命范仲淹与韩琦并为陕西经略安抚副使，担任安抚使夏竦的副手。范仲淹上疏主张防御，加强边防守备，徐图西夏。在李元昊的步步进逼下，仁宗和群臣主战的热情高涨，夏竦和韩琦也准备反攻西夏。范仲淹认为时机未成熟，坚持不从。韩琦派部将任福率兵出击，一路追击西夏军，在好水川这个地方遇伏被围，宋军大败，十六名将领全部阵亡，士兵伤亡一万余人。此后，宋和西夏又有几次交锋，多以失败告终。

1042年十一月，仁宗采纳范仲淹的建议，对西夏的策略由进攻转为防御。范仲淹与韩琦在泾州设置官第，重用文彦博、滕宗谅、张亢等人。范、韩二人通力合作，坚持持久战，严明军纪，安抚士卒，对边境的羌人部落坦诚相待、恩威并用。李元昊退兵，边境逐渐安定下来。边地居民歌唱道："军中有一韩，西贼闻之心胆寒！军中有一范，西贼闻之惊破胆！"

1043年，李元昊请求议和，西方边事稍宁，仁宗召范仲淹回京，八月，拜范仲淹为参知政事，提拔富弼、欧阳修等人。连年的战争、对辽和西夏的岁贡导致大宋王朝国库空虚，经济乏力，百姓贫困。范仲淹意识到必须改革，他深思熟虑后，结合自己治理地方、征战西夏的经验，作《答手诏条陈十事》，呈报给仁宗，提出"明黜陟、抑侥幸"等十件事，正式拉开了庆历新政的大幕。

1044年，范仲淹又上疏仁宗，提出"再议兵屯、修京师外城、密定讨伐之谋"等七件事，改革广度和深度进一步增加。由于"庆历新政"触及了一大批顽固的士大夫的利益，不断有人给仁宗上疏，痛陈新政所带来的"恶果"，又不断有人毁谤新政，指责范仲淹等人结为"朋党"。"朋党"是历代帝王最为忌讳的。1045年，范仲淹被罢免参知政事之职，改为资政殿学士，出知邠州（今陕西彬县）、邓州等。庆历新政逐渐被废止，改革以失败告终。

在日常生活中，范仲淹节衣缩食，妻子衣食仅能温饱，但是他却心怀百姓和族人。1049年，他用自己节省出的俸禄购买了千亩良田，成立范氏义庄，找贤人经营，收入分文不取，扶养饥寒贫苦的族人。范氏义庄对宋代以后的义田、义庄、义学作出了示范。明清出现的义庄，救助族人，多是受范仲淹的影响。

范仲淹是开有宋一代人物风格与精神气象之人，南宋人认为范仲淹为"本朝人物第一"，元朝人说他"千百年间，盖不一二见"。他"先天下之忧而忧，后天下之乐而乐"，以"天下为己任"的情怀，"宁鸣而死，不默而生"犯言直谏、忠心耿耿的精神，作为一种人格典范，对后人影响深远。范仲淹在《严先生祠堂记》里，推崇严陵"云山苍苍，江水泱泱，先生之风，山高水长"，这也是他自己人格的写照。

【点评】

众人皆知，范仲淹给后人留下脍炙人口的"先天之忧而忧，后天下之乐而乐"的名句，而忽略了他的另一句，即"凡为官者，私罪不可有，公罪不可无"。可以说，这句话的意义不可小觑。他告诫为官者永远应以公事为念，言行之直之烈，不为私事，只在为公。对于公事不可敷衍，不怕得罪权贵，不怕得罪亲朋好友。

范仲淹还有一般文人没有的优点，即不清高，善于卑谦自己。试看他虽与吕夷简有矛盾，但他能主动写信，消除隔阂，取得支持。这一点大多读书人都不具备。由此可见范仲淹确有宰相之才、之能、之智、之胸怀。

誓雪国耻、了却君王事的辛弃疾

中国历史上由行伍出身，以武起事，而最终以文为业，成为大词人、大诗人的只有一人，这就是辛弃疾。

青少年时代的辛弃疾颇具传奇色彩。他出生时，北方已陷入金朝的统治之下，他的祖父辛赞虽然担任金朝的县令，却日夜盼望南宋朝廷收复中原，经常带着年幼的辛弃疾"登高望远，指画山河"。

辛弃疾也从小就立下了收复中原、报国雪耻的志向，刻苦习文练武。在时事的磨炼下，辛弃疾很快就成长为一个武艺高强、博学多才，具有燕赵奇侠义气的壮士。

1161年，金主完颜亮又一次举兵南侵。金占领区的平民百姓纷纷聚义反抗。二十一岁的辛弃疾组织两千人马，参加了由耿京领导的起义军。1162年，辛弃疾受命奔赴建康（今南京），与南宋朝廷取得联系，义军获得南宋朝廷的支持。辛弃疾完成使命，满怀希望立刻返回前线，要和耿京作出一番更大的事业。归途中，听说叛徒张安国杀害了耿京，义军几乎要溃散。辛弃疾大怒，亲率五十名骁勇骑兵，突闯五万人马的敌营，活捉张安国，并把张安国带回建康，由南宋朝廷处置。

辛弃疾的忠诚勇敢、侠肝义胆，使他名声大振，从此便开始了在南宋的仕宦生涯，但这也是辛弃疾悲壮人生的开始。四十多年的仕宦生涯，有近二十年的时间被闲置一旁，而在断断续续被使用的二十多年间又有三十七次频繁调动。当时朝廷上下对金朝的态度以议和为主，用割地、纳岁币、上贡等屈辱的手段换得苟延残喘。从小就立志收复中原的辛弃疾壮志难酬，一腔忠勇义胆无处发泄，就倾注在诗词里，他的词是用自己的血写就的：

> 醉里挑灯看剑，梦回吹角连营。八百里分麾下炙，五十弦翻塞外声。沙场秋点兵。马作的卢飞快，弓如霹雳弦惊。了却君王天下事，赢得生前身后名。可怜白发生。
>
> （《破阵子·为陈同甫赋壮词以寄之》）

研究辛弃疾的著名历史专家邓广铭先生说："（辛弃疾）胸怀中燃烧着炎炎的烈火轰雷，表面上却必须装扮成一个淡泊冷静、不关心时事和世局的人。"所以辛弃疾又把他的滚滚热血化为了愁思缠绕的小词：

> 楚天千里清秋，水随天去秋无际。遥岑远目，献愁供恨，玉簪螺髻。落日楼头，断鸿声里，江南游子，把吴钩看了，栏干拍遍，无人会、登临意。（《水龙吟·登建康赏心亭》）

但是，辛弃疾那颗炽热的爱国之心从没有熄灭过，不管是被朝廷任命在地方任职，还是赋闲在家，他一有机会就组织与训练军队，时刻准备奔赴战场杀敌，时刻关注家国大事，上疏言政，先后奏上《美芹十论》等文章。

宋宁宗时，主张北伐的韩侂胄一派逐渐在朝廷掌握了权力，开始启用主战派人士。1203 年，已经六十四岁的辛弃疾被任命为知绍兴府兼浙东安抚使。"老骥伏枥，志在千里；烈士暮年，壮心不已"的辛弃疾精神大为振奋。1204 年，辛弃疾被任命为知镇江府，在这里留下了《永遇乐·京口北固亭怀古》这篇千古传唱之作。因这首词被指借古讽今，影射当局，辛弃疾又受到小人攻击，被降职、调职等。

1207 年，朝廷再次起用辛弃疾为枢密都承旨，令他速到临安（今杭州）赴任。但时年六十八岁的辛弃疾已病重，卧床不起。10 月

3日，"日月逝矣，岁不我与！"一代英杰、伟大爱国词人与世长辞。据说他临终时还大呼："杀贼！杀贼！"

辛弃疾是中国历史上留下浓墨重彩的人物：文，诗词声动天下，豪放、委婉、诙谐、深情风格多样；武，金戈铁马横扫敌军，亲自闯敌营，削敌首，提振士气；政，上万言书治国方略历历可见，治理地方政治清明百姓爱戴。这样一个智勇双全、爱国情深、以雪国耻、深谋远虑、才华横溢、忠肝义胆之人，却壮志难酬，郁郁而终。

南宋末年爱国诗人谢枋得在《宋辛稼轩先生墓记》一文中对辛弃疾的评价甚是贴切，可谓是真正理解辛弃疾："以此比来，忠义第一人，生不得行其志，没无一人明其心。全躯保妻子之臣，乘时抵瞒之辈，乃苟富贵者，资天下之疑，此朝廷一大过，天地间一大冤，志士仁人所深悲至痛也。公精忠大义，不在张忠献、岳武穆下。一少年书生，不忘本朝，痛二圣之不归，闵八陵之不祀，哀中原子民之不行王化，结豪杰，志斩虏馘，挈中原还君父，公之志亦大矣。"

青山遮不住，毕竟东流去！

【点评】

辛弃疾是一位极有血性、极有家国情怀的文武兼备之才。宋朝军队几乎不能打仗，原因如下：宋朝对军队管理甚严，将管理权与调兵权相分离，并且武官不当正职，正职由文官担任；将领调动频繁，将不认识兵，兵不认识将；更严重的是军队编制很大程度上是为招降纳叛而设。这样军人地位底下，无荣誉感，也无战斗力。因此，宋朝军队不能打仗，全靠诸如岳飞等这些私募而成的"岳家军"来支撑局面。辛弃疾的部队也属于此类，所以调换频繁，干了二十年，调动了三十七次工作。也正由于此，诗穷而后工，辛弃疾又在诗词方面取得了巨大成就。

首创社仓的朱熹

一提到朱熹，我们都知道他是一个理学家，是儒学的集大成者，是孔孟之后最杰出的儒学大师，被世人尊称为朱子，他的《四书章句集注》成为儒生的必读书。他是一个教育家，是中国教育史上继孔子之后对教育贡献最大的人。他是一个诗人，哲理诗《观书有感》《春日》，意味隽永，富有启发意义。

朱熹还是一个正直清廉、体察民情的好官员，他学以致用，是儒家"穷则独善其身，达则兼济天下"的典型代表。他首创的社仓成为中国古代与常平仓、义仓并举的社会保障制度之一，开民间救济互助制度的先河。

绍兴十八年（1148），十九岁的朱熹考中进士。绍兴二十一年（1151），朱熹到泉州同安担任主簿，以"敦礼义、厚风俗、劾吏奸、恤民隐"之法治县理政，整顿县学、倡建"教思堂"等。同安县被他治理得井井有条。年轻的朱熹初入仕途，就表现出非凡的政治治理才干。

乾道四年（1168）春夏之交，福建崇安一带发生严重水灾，导致粮食颗粒无收。而官府救灾不力，饿殍遍地，饥民骚动。当时朱熹正在五夫（今福建省武夷山东南一带）养亲。崇安知县诸葛廷瑞力邀朱熹来崇安，一起商议救灾。

朱熹到达崇安后，迅速了解灾情和民情，然后与县里的富豪大家商议，剖析利害，力劝他们拿出家中存储的粮食以平价赈灾，不然恐怕激起民变，富豪大家也自身难保。同时，朱熹又上书建宁知府徐嘉，请求发放常平仓（自古以来的官仓）的存粮来救灾。上有官府放粮，下有民间平价出粮，灾情很快得到缓解，百姓也逐渐安顿下来。

乾道五年（1169），朱熹的母亲去世，朱熹在家守制期间，反复思考如何从根本上解决百姓灾年的生计问题，并总结崇安赈灾成功的经验，提出建立一种民间救济制度——社仓，以补充官府的常平仓制度。大灾之下，单靠官府的力量很难做到迅速、全面地救助灾民，因此必须发动民间的力量。他先后给继任建宁知府的王淮、沈度上书，请求在五夫做建仓的试点。

他在写给王淮的信中说：

> 大有不测之风云，今灾解，不可不料后复有前之事。粟偿之后，山民无益存之积，青黄不接之时，又要加倍息借贷于豪富。况官粟存仓，为法甚密，远水解不得近火，请予五夫建仓留赈，每年一赈一偿，又能易新以藏，实为一举二得之举。

在写给沈度的信中说："请仿古法为社仓以储之，不过出捐一岁之息，宜可办。"朱熹提出的这种周全的惠政之举得到了官府的支持。沈度让官府拨出六万钱予以资助。朱熹组织人力物力于乾道七年（1171）五月在五夫开始建社仓，八月，社仓竣工。朱熹在仓壁上题了一首诗："度质无私本是公，寸心贪得意何穷。若教老子庄周见，剖斗除衡付一空。"

朱熹又推荐德高望重的刘复、刘德舆、刘琦、刘玶四人来管理社仓，并制定了《仓规》：社仓在青黄不接时贷谷给农民，一般取息两成；若发生小饥，利息可以减半；若发生大饥，则可免除利息。五夫社仓建成后，当年仓廒里就存满粮食。从此，春夏青黄不接时赈放，秋收时存放，变官仓（常平仓）赈粜为民仓（社仓）赈济，百姓大为便利。

各地官府看到社仓有成效，也争相仿效，建仓储粮。淳熙八年（1181）十二月，朱熹在浙东任职，因逢荒年，饥民遍野，于是向宋孝宗进言，建议建社仓救助灾民。宋孝宗任命朱熹负责浙东的救荒工作。朱熹不敢懈怠，借鉴崇安救灾和五夫社仓的经验，很快就缓解了浙东的灾情。淳熙九年（1182），宋孝宗将朱熹的《社仓法》"颁诏行于诸府各州"。从此，朱熹所倡导的社仓制度被各地采用，与政府的常平仓、义仓三足鼎立，成为灾患之年救助百姓、安定民心的重要的社会保障制度。明嘉靖《建宁府志》载："社仓，前贤创之，后人因之，皆惠政也。"

【点评】

朱熹一圣人，宋时之孔子。其学，述圣人之学而不作；其德，以仁为本，时刻不忘苍生；其功，梳理自孔子以来的中国文化；本篇所载社仓之创立，充其量沧海之一粟。然而从社仓之创立，可以看出圣人之仁心无处不在，圣人之智慧无处不闪耀。圣人确实是体用不二者，仁智兼备者。既能述而不作，传前圣之绝学，又能会通权变，实事求是，立功于当世。

留取丹心照汗青的文天祥

"天地有正气，杂然赋流形。下则为河岳，上则为日星。于人曰浩然，沛乎塞苍冥。皇路当清夷，含和吐明庭。时穷节乃见，一一垂丹青……"

这首传颂千古的《正气歌》，是宋末三杰之一的文天祥在狱中撰写的。

文天祥（1236—1283），江西吉州庐陵（今江西省吉安市）人。宋末政治家，文学家，抗元名臣。二十岁时，被宋理宗钦点为状元。

1271年，忽必烈定国号为元，1274年元朝发动灭宋战争，临朝的谢太后下诏各地起兵勤王。时任赣州知州的文天祥接到勤王诏书，即率两万人赶到临安。1276年正月，元军攻势更猛，谢太后大惊，派人向元军表明投降。原丞相陈宜中临阵脱逃，连夜遁走。文天祥被任命为右丞相兼枢密使赴元营谈判。文天祥痛斥元丞相伯颜，义正辞严，并表示要抗战到底。伯颜大怒，强行扣留文天祥，并随船北上。文天祥在镇江趁机虎口脱险，辗转到了福州。这个时候，谢太后带着恭帝已向元朝投降。陆秀夫等人拥立七岁的赵昰在福州即位，即宋端宗。文天祥被任命为枢密使，在南剑州（今福建南平）建立督府。

1277 年，文天祥率军越过大庾岭，挺进江西。在雩都（今江西省南部）大败元军，攻取兴国，收复十几个州县，顿时人心大振。元军见势不妙，便集中大部分兵力进攻文天祥的兴国大营。文天祥寡不敌众，败退到庐陵、河州（今福建省长汀县）等地，损失惨重，妻子儿女也被元军掳走。

1278 年 10 月，端宗因体弱多病而去世，陆秀夫拥立端宗的弟弟赵昺即位，朝廷迁至厓山。年底，在海丰北五坡岭，文天祥遭到投降元朝的张弘范的突然袭击，兵败，自杀未果，被俘。张弘范劝文天祥投降元朝，文天祥严词拒绝。张弘范攻打厓山，逼迫文天祥给宋军统帅张世杰写劝降信，文天祥痛斥张弘范。次年正月经珠江口零丁洋时，写《过零丁洋》以明志：

> 辛苦遭逢起一经，干戈寥落四周星。
> 山河破碎风飘絮，身世浮沉雨打萍。
> 惶恐滩头说惶恐，零丁洋里叹零丁。
> 人生自古谁无死，留取丹心照汗青。

厓山一役，陆秀夫背着赵昺投海，南宋王朝灭亡。

1279 年 10 月初，文天祥被押解到大都（今北京），忽必烈亲自劝降，许以中书宰相之职，文天祥大义凛然，誓不投降，宁死不屈。1283年1月9日于大都就义。

文天祥忠诚之心久而弥励，浩然之气与日月争光，"人生自古谁无死，留取丹心照汗青"，他的精神激励了一代又一代的中华仁人志士。

【点评】

文天祥的正气，就是孟子所讲的浩然之气。此浩然正气的根本在于本心之正，心正则气正，一日心正集一日之正气，二日心正则集二日之正气，日积月累，则浩然之气生，浩然之气生则邪气、淫气、堕气、衰气尽除。邪、淫、堕、衰之气除，则浩然之气充塞于天地之间，"下则为河岳，上则为日星。于人曰浩然，沛乎塞苍冥"。文天祥之气节，实乃孟子精神之典范。文天祥之《正气歌》乃孟子浩然之气的诠释。

救时宰相于谦

《明史·于谦列传》："于谦，字廷益，钱塘人。生七岁，有僧奇之曰：'他日救时宰相也。'"

说于谦，就要先说土木堡之变。明英宗朱祁镇非常宠信太监王振。1449年7月，瓦剌首领也先率兵进犯边境。好大喜功的王振煽惑、鼓动明英宗亲征，在土木堡（今河北省张家口市怀来县境内的一个城堡）与也先相遇，明军大败，明英宗被俘。消息传到京师，朝廷上下一片混乱，群臣不知如何是好。当时皇太子年幼，郕王朱祁钰监国，侍讲徐珵主张迁都南京。于谦厉声呵斥："言南迁者，可斩也。京师天下根本，一动则大势去矣，独不见宋南渡事乎！"郕王朱祁钰支持于谦坚守京师的主张，作出防守的决策。于谦临危不惧，运筹帷幄，请郕王调南北两京和河南的备操军，山东和南京沿海的备倭军，江北和北京所属各府的运粮军，十万火急，赶赴京师。人心稍微安定。

大敌将至，太子年幼，为了国家安危，群臣请皇太后立郕王为皇帝。在于谦等人的力主之下，9月，郕王即位，为景帝。于谦对景帝说："瓦剌必然长驱直下，侵犯京师。请您命令守边大臣竭力防守，京师也要做好防御准备，招募民兵，制造器械盔甲。九门等重要守地，派都督孙镗、卫颖、张辄、张仪、雷通等人分兵把守。外城的居民迁入城内，储存在通州的粮食分发给士兵，不能把粮食留给敌人。"又建议景帝重用文臣轩輗，武臣石亨、杨洪、柳博等人。于谦情绪激动，言辞慷慨，对景帝说道："我作为兵部尚书，负责军队的事情，如果没有成效，就拿我问罪！"10月，景帝命令于谦提督各营军马。

也先挟持着明英宗朱祁镇进窥京师。于谦调兵遣将：都督陶瑾在安定门，广宁伯刘安守东直门，武进伯朱瑛守朝阳门，都督刘聚守西直门，镇远侯顾兴祖守阜成门，都指挥李端守正阳门，都督刘得新守崇文门，都指挥汤芦守宣武门。正面与也先部队发生交战的是德胜门，防守压力最大，于谦亲自守门。于谦下令："临阵将不顾军先退者，斩其将。军不顾将先退者，后队斩前队。"此令一出，全军肃然，皆怀必死之志守卫京师。

也先以为明朝已经群龙无首，精锐又被歼灭，京师应该唾手而得，到了城下一看，明军防守严密，军纪严明。拿手里的明英宗要挟于谦和景帝，也毫无作用。也先无计可施，只好强攻德胜门。于谦派人设伏，等瓦剌骑兵进入埋伏圈，伏兵一拥而上，火药武器也使用上了，也先的弟弟当场被大炮打死。瓦剌士兵转移到西直门，又遭到都督孙镗的抵抗；在广安门，也先的先锋部队也受挫。双方相持了五天，也先强攻京师无果，又听说各地勤王的兵马就要到京师，心里恐慌，于是下令退兵。

在于谦的指挥下，京师算是保住了。于谦作为一介文臣，挽狂澜于既倒，扶大厦于将倾，在民族危亡之际，挺身而出，勇担重任，率领军民成功保卫了京师，避免了大明王朝分裂为南明北明。

于谦为官两袖清风，一身正气，《石灰吟》一诗就是他最好的写照："千锤万凿出深山，烈火焚烧若等闲。粉骨碎身全不怕，要留清白在人间。"

《明史》赞扬于谦说："谦忠心义烈，与日月争光。"作为大明王朝彪炳史册的人物之一，于谦的忠烈大义、大智大勇、浩然正气、勇担重任的精神是中华民族永远的财富。

【点评】

在民族危亡之际，于谦挺身而出，其心忠，其志坚，其气正，其智明，在他的感化下，众志成城，坚不可摧，终于打退侵犯之敌，使明朝避免了南北分裂之祸。纵观历史，每次在民族危亡之际总有一些民族英雄，置个人安危于不顾，振臂一呼，群情激奋，从而掀起一场伟大的人民战争，最后取得胜利。这些民族英雄就是民族的脊梁，是民族精神的化身。于谦就是其中的一位。

以百姓心为心的王阳明

我们对明朝大儒王阳明的认知，大多集中在以下几个方面：第一，他是伟大的思想家、哲学家，创立了心学体系，包括心即理、心外无物、知行合一、致良知等，伴随着心学体系的成熟过程，守仁格竹、龙场悟道、岩中花树、天泉证道等都成了我们耳熟能详的典故。第二，他是伟大的军事天才，作为一个文官，采用围魏救赵策略，以极少的兵力（据说是凑合起来的五千人马，对外号称三十万大军），仅用三十五天时间，就平定了宁王朱宸濠的叛乱，阻止了一场浩劫，挽救了大明王朝。第三，他伟大而带有传奇色彩的一生令人惊叹：十二岁在京师跟着老师读书，就表达了要做圣贤的宏愿，于是读儒家经典、览兵书、出道入佛、游历山川，历练自己；为地方官时，清正廉洁，一心为民；在朝廷上坚持正义，不惜忤逆刘瑾，被廷杖后投入大牢；临终前的"此心光明，夫复何言"就像星星之火，点燃了每一个追求光明的人的内心。

正德十二年（1517）正月到正德十四年（1519）六月，王阳明在南赣剿匪后对当地百姓做教化工作。南赣是江西赣州、南安，福建汀州、漳州，广东南雄、韶州、潮州、惠州，湖广郴州的交界处，山峦叠嶂，森林茂密。明孝宗以来，这个地方就是土匪的聚集之地。官兵时时剿匪，但官兵一走，土匪就死灰复燃，更多的时候是官兵吃了败仗，灰头土脸撤军。王阳明赶到赣州后，用了一年三个月的时间，平定了南赣所有的土匪势力。清初学者毛奇龄赞叹道："先生亲率行伍，佐之以师儒，指顾倏忽，如扑蝇蹴豕，手拉而跳踏。不承庙算，不用征调兵，不别镇将官吏，不逗时日，不靡费供亿，而所向无敌，不留遗孽，不挫折我兵甲。自秦汉以后，不知卫霍方此何如，若他则谁敢并者！"

对朝廷和举荐他的兵部尚书王琼来说，王阳明出色地完成了剿匪的任务，但对王阳明来说，剿匪仅仅是他工作的一小部分。圣人生来是为天下苍生排忧解难的。如何让南赣人民安居乐业，彻底解决匪患问题，是王阳明要着手做的重要工作。

在剿灭汀州、漳州之贼时，王阳明就颁布各种教化百姓的公文，通俗易懂，便于百姓接受：

> 为善之人，非独其宗族亲戚爱之，朋友乡党敬之，虽鬼神亦阴相之。为恶之人，非独其宗族亲戚恶之，朋友乡党怨之，虽鬼神亦阴殛之。故"积善之家，必有余庆，积不善之家，必有余殃"。
>
> 见人之为善，我必爱之；我能为善，人岂有不爱我者乎？见人之为不善，我必恶之；我苟为不善，人岂有不恶我者乎？故凶人之为不善，至于陨身亡家而不悟者，由其

不能自反也。

今人不忍一言之忿，或争铢两之利，遂相构讼。夫我欲求胜于彼，则彼亦欲求胜于我；仇仇相报，遂至破家荡产，祸贻子孙。岂若含忍退让，使乡里称为善人长者，子孙亦蒙其庇乎？

今人为子孙计，或至谋人之业，夺人之产；日夜营营，无所不至。昔人谓为子孙作马牛，然身没未寒，而业已属之他人；仇家群起而报复，子孙反受其殃。是殆为子孙作蛇蝎也。吁，可戒哉！

王阳明每平定一个地方的匪乱，就上报朝廷，奏请设立县衙。例如，平定漳州匪乱后，奏请设立了清平县；平定横水桶冈匪乱后，奏请设立了崇义县；平定龙川匪乱后，奏请设立和平县。从这些县的名字上，就可以看出王阳明的良苦用心。

《王阳明年谱》详细记载了王阳明教化当地民众的前因后果："先生谓民风不善，由于教化未明。今幸盗贼稍平，民困渐息，一应移风易俗之事，虽未能尽举，姑且就其浅近易行者，开导训诲。即行告谕，发南赣所属各县父老子弟，互相戒勉，兴立社学，延师教子，歌诗习礼。出入街衢，官长至，俱叉手拱立。先生或赞赏训诱之。久之，市民亦知冠服，朝夕歌声，达于委巷，雍雍然渐成礼让之俗矣。"

王阳明从建书院、兴社学、定乡约这三个方面着手。

"破山中贼易，破心中贼难。"教化百姓就要办书院、兴社学。

正德十三年（1518）九月，王阳明整修濂溪书院，在这里讲学。清代，此书院改名为阳明书院。赣州知府邢珣受命在赣州成立五家书院："东曰义泉书院，南曰正蒙书院，西曰富安书院，又西曰镇宁书院，北曰龙池书院。"其他地方相继成立将近二十家书院。很多学者从全国各地赶赴南赣，在书院讲学。王阳明的大批弟子也聚拢在王阳明身边，研讨心学。一时间，南赣成为全国学术中心，这种风气也影响到平民百姓，开始向善，学习礼仪等。

王阳明重建社学，聘请名师，教育儿童，学诗歌和礼仪，然后由文质彬彬的儿童去影响大人。王阳明还特意写了一篇文章《训蒙大意示教读刘伯颂等》，总结出一套教育儿童的方法。后来王阳明又写了一篇《教约》，详细讲解授课方法、学习内容、如何考核等。

影响最大的还是定乡约。王阳明为南赣百姓制定的《南赣乡约》，结合南赣地区的实际情况，规定了乡民共同遵守的道德公约：

> 咨尔民，昔人有言：蓬生麻中，不扶而直；白沙在泥，不染而黑。民俗之善恶，岂不繇于积习使然哉！往者新民盖常弃其宗族，畔其乡里，四出而为暴，岂独其性之异，其人之罪哉？亦繇我有司治之无道，教之无方。尔父老子弟，所以训诲戒饬于家庭者不早，薰陶渐染于里闬者无素，诱掖奖劝之不行，连属叶和之无具。又或愤怨相激，狡伪相残，故遂使之靡然日流于恶，则我有司与尔父老子弟皆宜分受其责。

呜呼！往者不可及，来者犹可追。故今特为乡约，以协和尔民，自今凡尔同约之民，皆宜孝尔父母，敬尔兄长，教训尔子孙，和顺尔乡里，死丧相助，患难相恤，善相劝勉，恶相告戒，息讼罢争，讲信修睦，务为良善之民，共成仁厚之俗。呜呼！人虽至愚，责人则明；虽有聪明，责己则昏。尔等父老子弟毋念新民之旧恶而不与其善，彼一念而善，即善人矣；毋自恃为良民而不修其身，尔一念而恶，即恶人矣；人之善恶，繇于一念之间，尔等慎思吾言，毋忽。

《南赣乡约》是明代的第一个乡约，以改善民俗为使命，通过戒谕、读约、彰善、纠过、申戒各种宣言、仪式等，来引导和教化百姓，改变了南赣好斗逞凶的民风民俗。

正德十四年（1519）六月，王阳明被朝廷派到福建处理兵变事宜。让王阳明感到欣慰的是，他离开时，南赣的民风已日益趋于淳厚，风气焕然一新。

老子说："圣人无常心，以百姓心为心。善者吾善之；不善者吾亦善之，德善。信者吾信之；不信者吾亦信之，德信。圣人在天下歙歙焉，为天下浑其心。百姓皆属其耳目焉，圣人皆孩之。"（《老子·四十九章》）从十二岁就立志做圣贤的王阳明，一生坎坷，历经磨炼，"以百姓心为心"，成为中国历史上少有的实现了"立德、立功、立言"的三不朽的圣人。

【点评】

世人皆知阳明之心学，而忽略了他对于儿童教育、乡约及军事的贡献。他的心学，可以称之为"体"；他对于儿童教育、乡约及军事方面的贡献，可谓"用"。体用一元，体用不二才是阳明先生学问之真谛。此"体用一元"也正是中国文化的本质所在。他在南赣地区推行的乡村治理思想体现了他以致良知为本的德治思想与以教化为主导的管理思想，也是王阳明知行合一学说价值的体现。

阳明先生留下的四句教导，即"无善无恶心之体，有善有恶意之动，知善知恶是良知，为善去恶是格物"是对他心学思想体系的高度概括。

痛斥洪承畴的少年英雄夏完淳

洪承畴原是大明王朝的蓟辽总督，深受崇祯帝信任。松锦之战，他战败被俘，投降清廷，后来被派到江南，任招抚南方总督军务大学士。

洪承畴坐在大堂之上，准备审问一个犯人。堂下站着一位少年。

洪承畴说："童子何知，岂能称兵叛逆？误堕贼中耳！归顺当不失官。"（你一个小孩子知道些什么，怎么能行叛逆之事？只是不小心中了贼人之计罢了。如果你归顺大清，一定能做大官。）

少年装作不知道审问他的就是洪承畴，高声答道："我闻亨九

（洪承畴号）先生本朝人杰，松山、杏山之战，血溅章渠。先皇帝震悼褒恤，感动华夷。吾常慕其忠烈，年虽少，杀身报国，岂可以让之！"（我听说亨九先生是本朝的杰出人士，当年松山、杏山一战，他以身殉国。先皇帝沉痛哀悼，华夏志士深受激励。我很是羡慕他的忠烈，年纪虽小，但也希望杀身以报国，怎能落在他之后呢！）

差役告诉他堂上审讯他的就是洪承畴大人。

少年高声呵斥道："亨九先生死王事已久，天下莫不闻之，曾经御祭七坛，天子亲临，泪满龙颜，群臣呜咽。汝何等逆徒，敢伪托其名，以污忠魄！"（亨九先生早已为国牺牲了，天下谁人不知。先帝曾经亲自设祭，群臣哀悼。你们这些叛徒，怎敢冒充他，来污辱忠魂！）

洪承畴面如死灰，无法再继续审问下去。

这位少年是谁？他就是中华五千年历史上最年轻的一位英烈，明末著名爱国志士、诗人夏完淳。

夏完淳生于明崇祯四年（1631），父亲是江南名士夏允彝。他天资聪颖，早慧，五岁读经史，七岁能诗文，九岁写出《代乳集》，十二岁师从明末爱国诗人陈子龙。受父亲夏允彝和老师陈子龙的影响，年少的夏完淳从小就坚定了抗清的爱国志向。

大明王朝节节败退，崇祯帝上吊自杀，福王朱由崧在南京被大臣拥立即位，成立南明小朝廷，清兵随即进逼江南，各地抗清的义军奋勇而起。十五岁的夏完淳也跟随父亲、老师在松江起义抗清。不幸的是，起义很快就失败了，夏允彝投水殉国。夏完淳强忍悲痛，带着父亲未完成的遗愿，跟随老师陈子龙联络其他地方的义军，继续从事抗清救国活动。

1647年，因叛徒告密，夏完淳被清军逮捕。在送往南京的路上，夏完淳写下一首绝命诗，即《别云间》：

> 三年羁旅客，今日又南冠。
>
> 无限山河泪，谁言天地宽？
>
> 已知泉路近，欲别故乡难。
>
> 毅魄归来日，灵旗空际看。

这首诀别之作，风格沉郁浑厚，手法圆熟，充满了无限的悲愤与沉痛，也表达了坚定的战斗信念、高度的爱国热忱。让人很难相信是一个十七岁的少年写就的。

夏完淳被押解到南京后，洪承畴深知夏完淳在江南的影响力，决定亲自审讯，于是出现了本文开头的一幕。

1647年10月16日，年仅十七岁的夏完淳在南京西市慷慨就义。

【点评】

夏完淳志在精忠报国，反清复明，抵抗异族统治，尤其是异族文化统治。中国文化中有一传统，不重血缘关系，而重文化；虽看重亲疏远近，但更看重讲道理。汉族与其说是一民族概念，不如说它是 文化团体概念，或者说它是以文化认同感为核心的民族概念。什么是汉族呢？讲道德，不侵略别人者，即是汉族。何以不侵略他人呢？根本在于自食其力的农耕生产与生活，因为农耕向内求，并且以家为单位。自给自足，和睦自得，无须向外侵略。而游牧生活则异，不断地向外寻找绿洲，即使这样，每到冬季，饥寒交迫，还得南下虏掠，以满足其生存。商业文化其实也如游牧，必须向外，一靠不平等的交换（若是平等交换何以获利），二靠侵略，原因与游牧同，都不能自足。当然商业与游牧还有区别，商业信科学，游牧尚自然。

反清复明的斗争为什么如此激烈，根本在于复兴中华固有的文化。也正是这些斗争促使清朝统治者学习中原文化，用中国传统的文化武装自己，改进政治治理，从而完成了满清文化的中国化。到清朝立国百年后，已有康乾盛世的说法。

夏完淳父子抗清运动正是发生在明末清初之际，清朝尚在马背上治国，以夷化中，激发了中华士大夫复兴中华文化的斗志。

抬棺西行、收复新疆的左宗棠

1864 年，新疆大乱。1865 年春天，浩罕国的军事头目阿古柏进入南疆，阿古柏被称为中亚屠夫，残酷杀害新疆人民，并于 1867 年自立为汗。英、俄两国自 19 世纪中叶起就在中亚争夺殖民地。为了维持其政权，阿古柏勾结英国、俄国，出卖新疆权益和土地。1871 年，俄国开进新疆，强行占领伊犁地区。

当时清政府刚刚平定长达十四年的太平天国运动，国力衰竭，以英、法、俄为代表的帝国主义国家也一直虎视眈眈地盯着清政府，寻求更大的利益，提出更多的领土要求。1874年，日本侵略台湾省，主持政务的李鸿章认为中国的外患主要在沿海，西北边塞并不重要，况且"新疆是化外之地，茫茫沙漠，赤地千里，土地瘠薄，人烟稀少……新疆不复，与肢体之元气无伤"。力主先保东南沿海地区，希望集全国之力建设海军，同时李鸿章希望借助俄国人的力量牵制其他国家，甚至说："收回伊犁，更是不如不收回为好。"让俄国占领伊犁，以稳定俄国人的心。

左宗棠有着极高远的战略眼光，极力反对李鸿章的主张，认为"东则海防，西则塞防，二者并重"，新疆物产丰饶，实为聚宝之盆，更重要的是新疆的军事战略地位："我朝定鼎燕都，蒙部环卫北方，百数十年无烽燧之警……是故重新疆者所以保蒙古，保蒙古者所以卫京师……若新疆不固，则蒙部不安，匪特陕、甘、山西各边时虞侵轶，防不胜防，即直北关山，亦将无晏眠之日。而况今之与昔，事势攸殊。俄人拓境日广，由西向东万余里，与我北境相连，仅中段有蒙部为之遮阂。徙薪宜远，曲突宜先，尤不可不豫为绸缪者也。""若此时即拟停兵节饷，自撤藩篱，则我退寸，而寇进尺。"左宗棠接连上奏，认为收复新疆，势在必行，并私下上奏慈禧太后，恳请出兵。1875年，清政府决定收复新疆，任命左宗棠为钦差大臣督办新疆军务。

久有大战经验的左宗棠高瞻远瞩，运筹帷幄之中，决胜千里之外。

筹军费：经过多方协调，户部拨款二百万两，各省协助三百万两，左宗棠自己借了五百万两。军费仍然不够，在收复新疆的过程中，左宗棠又亲自向洋商和华商借款一千五百多万两。

备物资：在武器装备方面，左宗棠此前已建立兰州制造局来制造兵器，从广州、福州等地调来武器专家，督促建造先进的枪炮。在粮食储备方面，左宗棠命令先锋部队驻军哈密兴修水利、屯田积谷。为防备粮食不足，左宗棠又找到四种解决粮食问题的方案。

定战略：这最能体现一个统帅的高度和眼光，左宗棠提出"先北后南"、"缓进急战"的战略。"先北后南"，即先攻克北疆（但不急取伊犁），再进军南疆。阿古柏的势力主要在南疆，北疆容易攻下，站稳脚跟再攻克南疆。"缓进"就是整治军队，减少冗员，提高军队战斗力。当时各部军队总人数大约六万人，但开赴前线的只有二万多人。"急战"就是为节约开支，一旦进军，必须速战速决。

一切准备停当之后，1876年4月，时年六十四岁的左宗棠在肃州祭旗，命令刘锦棠、金顺分南北两路正式出兵新疆。两支军队在哈密汇合后，军需物资陆续运往哈密，再从哈密运往新疆其他地方。8月，刘锦棠和金顺两军配合，很快攻下乌鲁木齐的外围据点古牧地，阿古柏的羽翼白彦虎等人见大势不妙，放弃乌鲁木齐，仓皇逃走。刘锦棠收复乌鲁木齐，随后金顺收复昌吉，荣全在刘锦棠的协助下攻克玛纳斯城。新疆北部迅速被荡平。

根据既定战略，接下来要收复南疆。左宗棠命令金顺驻守乌鲁木齐，以备不时之需，命令刘锦棠为收复南疆的总指挥。左宗棠一再叮嘱刘锦棠要牢记"缓进急战"。经过几个月的准备，1877年4月20日，刘锦棠迅速进军，收复达坂城，4月26日，收复托克逊城，同一天又协助徐占彪和张曜收复吐鲁番。至此，南疆的三大门户城市全部收复。阿古柏走投无路，自杀而亡。

1878年1月，除了伊犁外，仅用一年多的时间，新疆就全部收复。伊犁被俄国占领，左宗棠上书朝廷，建议用外交手段收回伊犁。清政府派崇厚负责谈判，胆小懦弱的崇厚在俄国人的威逼下，与俄国签署了卖国条约。左宗棠愤慨不已，上书要求重新谈判，提出："为今之计，当先之以议论，委婉而用机，次决之以战阵，坚忍而求胜。臣虽衰惫无似，敢不勉旃。"誓死以战促谈。1880年，清政府派曾国藩的二儿子曾纪泽出使俄国，重新谈判。

孔子说："有文事者必有武备，有武事者必有文备。"意思是说，国家的其他活动必须有军事做后盾。精通儒学的左宗棠深谙这一点。为了促成和谈，左宗棠命令大军分三路向伊犁方向挺进，给俄国施加压力。"壮士长歌，不复以出塞为苦也，老怀益壮"，左宗棠决心亲自出征，穿越茫茫大漠，从肃州入疆，坐镇哈密亲自指挥。时年六十八岁的左宗棠让人给自己打造了一口棺材，让士兵抬着棺材出征，以表明自己收复伊犁、以死报国的决心。士兵们大受感动，士气大振。"青海长云暗雪山，孤城遥望玉门关。黄沙百战穿金甲，不破楼兰终不还。"一千多年前大唐边塞诗人王昌龄写下的这首悲壮豪迈的《从军行》，也许正是左宗棠与西征军的最好写照。"天下兴亡，匹夫有责"，中华民族的爱国、正义精神一脉相承，犯我中华者，"虽远必诛"。

1881年2月24日，曾纪泽与俄方代表订立了《中俄伊犁条约》和《陆路通商章程》，收回了伊犁。至此，新疆被全部收复，成为清政府最重要的西北屏障。

晚清以来，左宗棠赢得了众多名士的衷心敬佩，胡林翼极力称赞他："横览九州，更无才出其右者，才智超群，必成大器"。曾国藩说："论兵战，吾不如左宗棠；为国尽忠，亦以季高为冠。国幸有左宗棠也。"在清政府焦头烂额、无暇西顾之际，左宗棠以他宏远的战略眼光、深谋远虑的战略部署、步步为营的执行策略，迅速收复新疆，维护国家尊严和领土完整，实乃梁启超所说的"五百年以来的第一伟人"。

【点评】

左宗棠是清末重臣，淮军重要统帅，洋务派首领。巩固边疆是他为捍卫祖国领土与主权完整作出的重大贡献。他力主新疆置省，实现了新疆与其他各省行政制度的统一，大大加强了新疆与内地经济文化的交流。他还在洋务运动中兴办福州船政局，奠定了近代中国的造船工业。左宗棠注重民生，在西北兴修水利，促进了经济的发展。

左宗棠一生做到了"文以治内、武以治外"，忠君爱国，其豪迈之气，俯仰一世。

慷慨赴国难的戊戌六君子

壮士何慷慨，志欲威八荒。

驱车远行役，受命念自忘。

良弓挟乌号，明甲有精光。

临难不顾生，身死魂飞扬。

岂为全躯士，效命争战场。

忠为百世荣，义使令名彰。

垂声谢后世，气节故有常。

这是魏晋时期阮籍写的一首诗《咏怀·壮士何慷慨》，说慷慨激昂的壮士为了国家和黎民百姓，危急关头，奋不顾身，为国捐躯，他的忠诚流芳百世，他的忠义千古传扬，他的这种崇高的气节万古长存。

身处魏晋乱世、身为竹林七贤之一的阮籍满怀深情地写下这首壮士之歌，是对壮士挺身而出救国救民的渴望，也是对当时为国献身的仁人志士的讴歌。自古以来，中国并不缺少慷慨赴国难的"中国脊梁"，历朝历代的精彩篇章往往由他们写就。清末"戊戌六君子"就成为那个时代最为可歌可泣的代表人物。

戊戌六君子之一谭嗣同（1865—1898）是湖南浏阳人。拜著名学者欧阳中鹄、涂启先等人为师，系统学习中国传统文化；与"大刀王五"成为朋友，切磋武艺；与唐才常成为"生同志，死同烈"的挚友。同时又学习西方科学、政治等，游历山川河流，观察风土人情，结交名士。中日签订《马关条约》后，谭嗣同满怀忧愤，开始提倡新学，呼号变法。1896年，他北游访学，结识了康有为、梁启超等人，1898年在湖南与唐才常等人成立时务学堂，创建南学会，办《湘报》，宣传新法。

1898 年 6 月 11 日，光绪帝决定变法。8 月，谭嗣同被光绪帝征召入京，参与变法。9 月 21 日，慈禧太后发动政变，下旨捉拿维新派。维新变法的领导人康有为和梁启超相继逃往海外，谭嗣同决心以死来殉变法事业，对劝他离开的人说："外国变法未有不流血者，中国以变法流血者，请自嗣同始。"

1898 年 9 月 24 日，谭嗣同在浏阳会馆被捕。9 月 28 日，三十三岁的谭嗣同在北京菜市口英勇就义。他在狱中写下《狱中题壁》诗，"望门投止思张俭，忍死须臾待杜根。我自横刀向天笑，去留肝胆两昆仑。"临刑绝命词书："有心杀贼，无力回天。死得其所，快哉快哉"，成为其生命的绝唱。

戊戌六君子中的康广仁（1867—1898）是康有为的同母胞弟。他强烈反对八股文，认为国家弱亡，皆由八股锢禁人才所致。1897 年初，他在澳门创办《知新报》，宣扬变法理念。1898 年春天，他与梁启超一起到北京，帮助康有为撰写变法纲领，维新变法失败，他在狱中"言笑自若，高歌声出金石"，自言："若死而中国能强，死亦何妨！"对同在狱中的谭嗣同说："今八股已废，人才将辈出，我辈死，中国强矣。"康广仁与谭嗣同同日被杀害于菜市口，临刑前大声喊道："中国自强之机在此矣！"

戊戌六君子中的林旭（1875—1898），福建侯官（今福建省福州市）人。1895 年赴京参加科考，时值中日签订《马关条约》，国内哗然，林旭也投入到救亡图存的变法运动中去。1897 年，在张元济等人创办的通艺学堂学习西学。1898 年 1 月，他成立闽学会，传播西学。1898 年 9 月 5 日，他被光绪帝授予四品卿衔，参预新政，变法失败后被捕入狱，9月28日遇害，年仅二十三岁。

戊戌六君子中的杨深秀（1849—1898），山西闻喜人。1878年，正在北京参加科考的杨深秀放弃科考，回到家乡，组织乡绅加入赈灾中去。此后数年，他与乡绅一起，参与山西的治理。1886年赴京在刑部任职，"以澄清天下为己任"。1895年，中日《马关条约》签订后，他深以为耻，认为不革旧无以图新，不变法无以图强。1898年3月，与宋伯鲁成立关学会，并参加康有为、梁启超领导的维新变法运动。6月上疏变法。他提出的很多建议，都被光绪帝采纳。变法失败后，他从容就捕。在狱中留下三首诗，以激励来者。其一云："久拼生死一毛轻，臣罪偏由积毁成。自晓龙逢非俊物，何尝虎会敢徒行。圣人岂有胸中气，下士空思身后名。缧绁到头真不怨，未知谁复请长缨。"

1898年9月28日，他于宣武门外菜市口被杀害，时年四十九岁。

戊戌六君子中的杨锐（1857—1898）是四川绵竹人。出身于书香世家，杨锐和哥哥杨聪自少年时代起就名闻蜀中，张之洞曾将二人比为当代的苏轼和苏辙两兄弟，招入幕府。1894年，中法之战爆发。杨锐力荐老将冯子材率军反击法军。1895年中日《马关条约》签订后，杨锐带头参加公车上书，8月底，与康有为等人发起组织了强学会。1898年9月，湖南巡抚陈宝箴向光绪帝推荐了杨锐，9月5日，光绪帝授予杨锐、刘光第、谭嗣同、林旭四人四品卿衔，参预新政。变法失败后，杨锐被捕，与谭嗣同等人同日遇害，时年四十一岁。

戊戌六君子中的刘光第（1859—1898）是四川自贡人。早年丧父，家贫，母亲深明大义，忍饥挨饿也要送刘光第上学。刘光第明白母亲苦心，发奋读书。二十四岁考中进士，授刑部候补主事。1898年4月，刘光第和友人杨锐一起加入康有为组织的保国会，投身到变法的大潮中来。6月11日，光绪帝宣布开始变法。9月，湖南巡抚陈宝箴向光绪帝推荐刘光第，认为刘光第"器识宏远，廉正有为"。刘光第被光绪帝授予四品卿衔，与谭嗣同、杨锐、林旭合称"军机四卿"。9月21日，慈禧太后发动政变，9月24日，刘光第在军机处被捕入狱。9月28日，在赴刑的路上，时年三十九岁的刘光第叹息道："吾属死，正气尽！"临刑时坚定不屈，誓不下跪。头断后，身躯还屹然挺立，围观的群众为之惊心动魄，也为之慨叹流泪。

《清史稿》论曰："百日维新，中外震仰，党争遽起，激成政变。锐、光第、嗣同、旭及深秀、广仁同日被祸，世称'六君子'，皆悲其志。"

【点评】

戊戌变法的目的是由上而下地向西方文化学习，仿制西方君主立宪制，建立资本主义秩序。在这场改革运动中，六君子就是其中的领导者与坚守者，其志坚定，其行合义，其爱国之忠心可敬。

戊戌变法运动为辛亥革命的爆发打下了思想基础，六君子的思想和行为推动了近代中国的思想解放运动，变法运动日益深入人心。民主思想随着六君子的被害而进一步传播，掀起了新一代向西方寻求救国救民真理的热潮。六君子之死也激发了更为广泛的爱国思想和民族意识，促进了更多中国人的觉醒。六君子之可歌可泣在于为了中华民族的复兴事业，不顾个人安危，以不怕死的精神唤醒民族的觉醒。然而中国的前途是否就是要走一条商业文化下的资本主义道路呢？中国共产党的诞生与中华人民共和国的成立，中国特色社会主义的建立，已经从实践中证明了中国的道路必须是中国化的，也必须是社会主义的，中国化主要体现在农耕文化与家庭伦理上，农耕文化以"天人合一"价值为指导，注重人与自然、人与人、人与众生、人之身与心的和谐，在自然与人为的关系方面，遵循自然之道；在人与人的关系方面注重家庭伦理，从父慈子孝、夫义妇顺、兄友弟恭到君礼臣忠，以致朋友有信。从而实现修身齐家治国平天下的理想。

后 记

　　加强中华优秀传统文化教育，是构建中华优秀传统文化传承体系，推动文化传承创新的重要途径。当今世界，文化在综合国力竞争中的地位和作用更加凸显，越来越成为民族凝聚力和创造力的重要源泉，博大精深的中华优秀传统文化是我们在世界文化的激荡中站稳脚跟的根基。党的十八大以来，习近平总书记在一系列讲话中深刻阐述了中华优秀传统文化在中华民族发展中的重大历史作用、深刻内涵和深远影响。加强中华优秀传统文化教育，是一项长期而艰巨的重大历史任务，在广大青少年中加强中华优秀传统文化教育，更加具有长远的战略意义和重要的时代意义。青少年学生是祖国的未来、民族的希望，加强对青少年学生的中华优秀传统文化教育，对于培养中华优秀传统文化的继承者和弘扬者，推动文化传承创新，建设社会主义先进文化，推进社会主义核心价值观建设具有凝魂聚气、强基固本的重要作用。

中华优秀传统文化是中华民族语言习惯、文化传统、思想观念、情感认同的集中体现，凝聚着中华民族普遍认同和广泛接受的道德规范、思想品格和价值取向，具有极为丰富的思想内涵，凝聚着中华民族自强不息的精神追求和历久弥新的精神财富，是发展社会主义先进文化的深厚基础，建设中华民族共有精神家园的重要支撑，凝聚了千百年来中华民族的生活经验、生存智慧，融入了中华民族的血脉，包含着中华民族最强大的精神基因。习近平总书记指出："要认真汲取中华优秀传统文化的思想精华和道德精髓，大力弘扬以爱国主义为核心的民族精神和以改革创新为核心的时代精神，深入挖掘和阐发中华优秀传统文化讲仁爱、重民本、守诚信、崇正义、尚和合、求大同的时代价值，使中华优秀传统文化成为涵养社会主义核心价值观的重要源泉。"加强对青少年学生的中华优秀传统文化教育，要以弘扬爱国主义精神为核心，以家国情怀教育、社会关爱教育和人格修养教育为重点，着力完善青少年学生的道德品质，培育理想人格，提升政治素养。

《中华优秀传统文化教育读本》是我主持的中宣部文化名家暨"四个一批"人才自主选题资助项目"中华优秀传统文化教育研究"课题的研究成果，本课题于2014年批准立项，我任课题主持人，课题组先后在北京、山东曲阜孔子诞生地尼山、浙江杭州、陕西延安召开中华优秀传统文化学术交流会，邀请知名专家、教授深入开展中华优秀传统文化教育研究，为中华优秀传统文化教育提供理论和学术研究支撑，组织编写中华优秀传统文化教育读本。开展中华优秀传统文化教育研究的主要内容，重点围绕习近平总书记提出的

"讲仁爱、重民本、守诚信、崇正义、尚和合、求大同"展开阐述研究。《中华优秀传统文化教育读本》内容包括仁爱、民本、诚信、正义、和合、大同六大方面，由我任总主编，各分册编写者分别为：《仁爱：中华文化的核心力量》由韩星教授主编；《民本：中华文化的价值追求》由高伟教授主编；《诚信：中华文化的做人准则》由党怀兴教授主编，刘影、贾红、谢佳伟、任健行参加编写；《正义：中华文化的道德原则》由雷原教授主编，赵易参加编写；《和合：中华文化的独特品质》由王永智教授主编；《大同：中华文化的社会理想》由于建福教授主编，于超参加编写。

《中华优秀传统文化教育读本》分为三部分编写。第一部分：理论概述。从理论和学术角度，深入开展中华优秀传统文化教育研究，为中华优秀传统文化教育提供理论基础和学理支撑。第二部分：经典选编。从历代中华优秀传统文化典籍中精选名篇，按照经典简介、作者简介、选文、注释、翻译、解读等方面内容编写。第三部分：经典故事。从历代中华优秀传统文化典籍中精选经典故事，用讲故事的方式，普及中华优秀传统文化。因此，本系列读本既是中华优秀传统文化教育的理论学术研究成果，也是中华优秀传统文化教育的普及读本，为全国大中小学学生、教师和党政机关、企事业单位干部学习中华优秀传统文化提供的重要学习读物，也是在全国中小学教师中开展中华优秀传统文化教育培训，提高各级各类学校教师开展中华优秀传统文化教育能力的培训教材。

本课题在立项研究过程中得到中宣部文化名家暨"四个一批"人才自主选题资助项目的指导和帮助。在课题研究和系列读本的编写过程中，中宣部、教育部有关部门给予了大力支持和指导；北京大学、清华大学、中国人民大学、北京师范大学、陕西师范大学、西北大学、江苏师范大学、中国社会科学院、国家教育行政学院、北京汤用彤书院等院校的专家、教授参与研究和编写读本，在此一并致谢！这里，我还要特别感谢著名文化教育大家张岂之先生、楼宇烈先生，在著事繁忙中拨冗欣然为本系列读本作序推荐。这里，我还要特别感谢中国大百科全书出版社对本系列读本出版的大力支持和帮助，感谢刘国辉社长的高度重视，感谢编辑们的悉心编辑和付出的心血！由于水平有限，本系列读本在编写过程中还有不足，恳请各位专家和读者不吝指教！

翟　博

2020 年 1 月